정원기 변호사의
특별법 이야기

정원기 변호사의

특별법 이야기

정원기 지음

21세기북스

정의의 가치를 위한 당신의 관심

천국과 지옥 사이에 담장이 있었다. 어느 날, 담장이 무너졌다. 천국과 지옥에 있는 사람들은 잘잘못을 따지다가 합의를 보지 못해 결국 소송에 들어갔다. 어느 쪽이 승소했을까. 지옥에 사는 사람들이 일방적으로 이겼다. 세상에서 제일 유능한 변호사를 비롯하여 판검사, 정치인, 대통령들이 모두 지옥에 몰려가 있었기 때문이었다. 법리는 선과 악을 따질 문제가 아니라는 의미로도 읽히는 에피소드.

우리나라 대법원 앞에는 법과 정의의 여신 동상이 세워져 있다. 오른손에는 선과 악을 가리는 '정의의 저울'을 높이 치켜들었고, 왼손에는 법전을 움켜쥔 채 의자에 앉아 있는 형상이다. 한복을 입고 있는 동상은 서구적인 여신을 한국적으로 형상화한 것이다. 그런데 그리스 신화 속의 법과 정의의 여신 아스트라이어(Astraea)는 나라마다 모양이 각양각색이다. 저울을 든 손이 왼손인 경우도 있고, 법전 대신 칼을 든 경우도 있으며, 심지어 눈을 가린 경우도 있다. 정의의 여신 앞에서, 혹은 법 앞에서 만인은 평등해야 옳다.

법은 국가권력에 의해 강제되는 사회 규범이다. 그래서 법학은 법이 어떻게 정의를 실현해 내는지를 배우는 학문인 셈이다. 결국, 법을 가까이한다는 것은 정의의 가치를 발견할 수 있게 해준다. 정의의 기준과 해석이 시대마다 정치적 입장마다 달라서 문제일 뿐이다.

2023년 현재, 현직 대통령은 검사 출신이고, 야당 대표도 법조인 출신이다. 사방팔방에 법조인들이 많아 나름 법리를 활용하여 풍요로운 삶을 살아간다. 법의 원리를 제대로 알면 무엇이 달라질까. 다들 법리를 잘 아는데 생각하는 정의가 왜 각기 다를까. 이러한 질문들은 『특별법 이야기』를 시작하게 된 이유가 되었다.

시 한 편을 감상해 보자.

짝사랑은
꽃 없는 봄날처럼

지독한 것이라서

열병 앓던 볼 붉은 청년

어젯밤

그 집 담 넘었다.

　　이호준 시인의 시 「흔적」이다. 담벼락에 붙어 있는 붉은 나뭇잎을 보
고 짝사랑으로 열병을 앓던 청년이 밤에 담을 넘었다는 표현으로 시인의
시상을 보여준다. 애잔한 풍경이 아닐 수 없다. 법의 관점으로 보면 청년
이 남의 집 담을 넘었으니, 주거침입죄가 적용된다. 형법 319조에 해당
하고, 3년 이하의 징역 또는 500만 원 이하의 벌금형이다. 주거침입죄
는 사람이 주거·관리하는 건조물·선박이나 항공기 또는 점유하는 방실에
침입하거나, 이러한 장소에서 퇴거의 요구를 받고 응하지 아니하는 범죄
(형법 319~321조)를 말한다.
　　시인의 상상은 청년으로 하여금 짝사랑하는 여인이 주거하는 곳으

로 아무렇지도 않게 침입할 수 있도록 만들었다. 그러나 법의 시각에서는 매우 위험한 일이다. 문학과 법의 간극을 생각해 보자는 게 아니다. 문학의 순정한 이면에는 법의 엄정한 시선도 따라붙을 수 있고, 그 차이도 분명 존재한다는 것을 현대인이라면 상기할 필요가 있다.

우리가 특별법을 알아야 하는 이유는 무엇일까. 첫째, 특별법은 일반법보다 우선 적용되기 때문에 독자와 국민이 반드시 알아야 한다. 둘째, 특별법은 개정 주기가 빨라 사회의 현실이나 변화를 신속하게 반영하기 때문에 생물적인 성격이 있다. 일반법은 개정 주기가 너무 늦기 때문에 특별법의 변화에 주목할 수밖에 없다. 법조인들이 끊임없이 공부해야 하는 이유이기도 하다. 셋째, 특별법은 시대의 양심이나 민주주의 사회를 가늠할 수 있는 바로미터라는 측면이 강하다.

일반법과 특별법의 구분은 절대적인 개념이 아니라 상대적인 개념이다. 상법은 민법에 대해서 특별법이지만, 「자본시장과 금융투자업에 관한 법률」과 비교하면 「자본시장과 금융투자업에 관한 법률」이 특별법이고 상법이 일반법이라는 얘기다.

좀 더 구체적으로 설명하자면 법이라는 것은 어떤 지역 내(한국의 경우 대한민국, 국민, 사회, 사람, 특별한 내용)에 적용하는 것이다. 그중 일반적으로 적용하는 법을 일반법, 특별한 사항에 대해서만 적용하는 것을 특별법이라고 한다. 예를 들어 사람의 처벌에 관한 것은 한국에 있는 모든 사람을 처벌하는 것에 관한 법인데, 특별히 '군인에 대해서만 처벌한다'라고 하면 '군형법'이 된다. 그러면 일반 형법에 대해서 군형법이 특별법이 되는 것이다. 또한 일반적인 사람을 처벌하는 일반적인 형법이 있는데, 거기에 대해서 특별하게 성매매라든지 성에 관한 범죄에 대해서만 특별히 따로 몰아서 특별법을 적용한다고 해서 '성매매에 관한 특별법'이라고 할 수 있는 것이다.

우리나라는 지역으로 제한하는 경우는 적은 편이고, 사람을 특정하거나 범죄행위를 특정하는 특별법은 많이 있는 셈이다. 실질적으로 우리나라는 일반법이 지배하는 나라라기보다는 어떤 필요성이 발생하고 나면 그때그때 수많은 법을 만들어서 적용하는 사례가 많기 때문에 특별법의 천국인 나라다.

독자들의 관심을 끌 수 있는 비중을 고려하여 선정한 특별법은 24개였고 그중에서 다시 선별한 것은 10개다. 「김영란법」, 「성매매방지특별법」, 「성폭력처벌법」, 「특별검사제도」, 「5·18 특별법」, 「근로기준법」, 「집회 및 시위에 관한 법률」, 「채무자회생법」, 「출입국관리법」, 「헌법재판소법」 등이다.

나는 프랑스 루브르 박물관에서 함무라비 법전의 원형을 본 적이 있다. 고대 바빌로니아 왕조의 제6대 함무라비 왕은 기원전 1750년경에 높이가 약 2미터 정도 되는 돌기둥에 법의 내용을 글자로 새겨 넣어 국민이 보게 했다. 함무라비 법전에는 '눈에는 눈, 이에는 이'라는 말이 수록되어 있다. 하지만 이 법의 실제 의미는 '당한 만큼 그대로 갚아 주라'

는 뜻보다는 '그들의 부모, 형제, 또는 부족 간의 싸움으로 번지지 않도록 과도하게 복수하지 말라'는 뜻을 강조한 것이라고 한다. 오늘날 사람들은 고대의 법마저 편리에 따라 왜곡해서 법리적으로 해석하고 있는 것이다.

법과 관련된 말들은 무수히 많다. 소크라테스는 그 유명한 "악법도 법이다."라는 말을 남겼다. 타키투스는 "옛날에는 범죄 때문에 괴로워하고, 현재는 법률 때문에 괴로워한다."라고 말했다. 우리나라의 속담에는 "법은 멀고 주먹은 가깝다."라는 말도 있는 반면에 영국 속담에는 "천 파운드나 되는 법에는 일 온스의 사랑도 없다."라는 말이 있다. 프랑스 속담에는 "교수대는 가난한 자들만의 것이다."라는 서슬 퍼런 말이 있고, 러시아 속담에는 "법률은 차의 지름대와 같다. 원하는 방향으로 돌릴 수 있다."라는 말이 있으며, 유대인들의 속담 중에는 "법을 존중하되 재판관을 존중하지 말라."는 경계의 말도 있다.

법과 정의란 무엇인가. 분명한 것은 한 나라의 법률은 시대에 따라 변천한다는 점이다. 다시 강조하지만, 나는 법을 가까이하는 것은 정의의 가치를 발견하기 위한 노력이라고 생각한다. 정의에 가까워지려는 수고다. 특히, 우리가 지속해서 살펴보게 될 '특별법'은 유연성, 신속성, 시대성 등을 적극 반영한다는 측면에서도 매우 주목할 만하다. 그래서 특별법에 관한 관심은 곧 민주주의와 성숙하고 건강한 사회를 가늠하는 기준이 될 수밖에 없다. 여러분을 특별법 이야기의 세계로 초대한다.

차례

1장
김영란법

뇌물은 얼굴이 스무 개

─── 소고기 사주는 사람을 주의하세요. 대가 없는 소고기는 없습니다. 순수한 마음은 돼지고기까지예요. SNS에서 떠도는 우스갯소리다. 그러나 이 말에는 중요한 여러 가지 요소를 담고 있다. 남의 친절 속에는 반드시 대가성이 작용한다는 것. 뇌물은 돈으로만 국한하지 않는다는 것. 뇌물에는 한계나 경계가 있다는 것. 그래서 뇌물은 얼굴이 여러 개다. '대가 없는 소고기는 없다'라는 말은 내 생각에는 '김영란법'을 매우 상징적으로 표현한 말이기도 하다.

돈은 스무 명의 웅변가의 역할을 한다지만 돈은 최선의 종이자 최악의 주인이라는 말도 있다. 괴상하게 들어온 돈은 또한 괴상하게 나가는 법이다. 대한민국에서 김영란법이 가져온 반향은 거의 쓰나미급이었다. 생긴 지도 얼마 되지 않은 이 법의 파장은 어느 정도였을까.

김영란법은 3-5-10 제도에서 출발

독자 김영란법의 핵심은 무엇인가요?

정 변호사 3가지예요. 금품을 수수하지 말라, 부정 청탁을 하지 말라, 외부 강의 수수료를 제한한다. 안 그러면 처벌하겠다. 3가지만 외우시면 돼요. 최근까지 적용하는 것은 음식물 접대 상한선 3만 원, 경조사비 5만 원(화환 포함 10만 원), 선물 10만 원(농수산물 포함 10만 원)이 핵심입니다. 이른바 3-5-10 제도였죠. 그러나 최근 2023년 8월 29일 김영란법 개정안이 국무회의를 통과했습니다. 선물 한도가 기존 10만 원에서 15만 원으로 늘어난 게 핵심입니다. 특히, 설날과 추석 명절 땐 30만 원으로 상한액이 두 배 높아집니다. 단, 정해진 기간에 농수산물에만 적용됩니다. 한우와 굴비, 전복, 김 같은 농수산물과 홍삼, 젓갈, 참기름 등 농수산물 가공품은 30만 원까지, 나머지 물품은 5만 원까지입니다. 기프티콘도 이번 명절부터 5만 원까지 가능한데, 규정이 조금 복잡합니다. 똑같은 커피 쿠폰이라도 상품 이름만 적힌 건 선물로 보낼 수 있지만, 금액만 적힌 건 안 됩니다. 상품 이름과 액수가 같이 적힌 건 괜찮습니다. 영화와 연극·스포츠 등 문화 관람권도 최대 5만 원까지 주고받을 수 있습니다. 농수산 상품권은 일반 물품과 마찬가지로 한도가 최대 30만 원입니다. 하지만 치킨 쿠폰은 5만 원까지만 허용됩니다. 백화점과 문화 상품권, 온누리상품권 등 금액이 적힌 상품권은 금지됩니다. 완화가 검토됐던 식사비 한도 3만 원은 그대로 유지됐습니다.

독자　효과가 별로 없을 것 같아요.

정 변호사　그렇지 않아요. 초기에 김영란법의 법률효과는 최소한 대한민국에서는 어마무시했어요. 일반 시민들은 잘 모르시던데 정말 엄청난 일대 혁신을 불러왔죠.

독자　그 정도였나요? 김영란법도 중요하겠지만 지금 국내에서 일어나는 모든 사건·사고나 갈등, 그리고 이슈 같은 것을 보면 특별법과 모두 관련이 있어 보여요.

정 변호사　옳은 지적입니다. 특히, 사회적으로 이슈화가 클수록 그 내용이 특별법과 관련된 내용이 많을 거예요. 우리가 첫 번째로 살펴볼 '김영란법' 같은 경우도 원래 예전에는 뇌물죄를 적용했죠. 형법상의 일반 죄로 생각했었는데, 실질적으로 뇌물을 주고받는 경우는 제삼자가 알 수 없는 밀실에서 이뤄지기 때문에 입증하기가 쉽지 않죠.

독자　맞아요.

정 변호사 또 그것이 심증이 드러나서 기소되더라도 재판을 하다가 보면 결국 무죄가 되는 경우가 많았어요. 무죄가 되는 이유는 여러 가지가 있겠지만 '직무 관련성'이라는 것이 있어요. 사회생활을 하다 보니까 직무와 관련이 없는데 뭔가 영향을 미치는 것 같기는 하고, 처벌하거나 금지해야 할 내용이 분명히 있다, 그래서 만들어진 게 이 법입니다. 그것이 형법상으로 처벌할 수 없는 내용이라 하더라도 그 요건을 완화해서, 예를 들어 공직자가 일정 이상의 돈, 선물, 대접 등을 받는 것을 금지할 필요가 있다, 그렇게 연구해서 나온 특별법이 바로 김영란법입니다.

독자 김영란법이라고 하면 외우기 쉬운데 정식명칭이 따로 있죠?

정 변호사 그렇습니다. '부정 청탁 및 금품 등 수수의 금지에 관한 법률'이 정식명칭이에요. 이름이 좀 길죠. 개요를 소개해 드리면 2012년에 당시 김영란 국민권익위원회 위원장이 공직사회 기강의 확립을 위해 발의한 법안입니다. 2015년 3월 27일에 법안이 제정되었고, 2016년 9월 28일부터 시행되었죠.

독자 법률용어는 외우기 어렵고 까다로운 것 같네요. 해외의 경우는 어떤가요?

정 변호사 비슷해요. 정식명칭은 우리나라처럼 긴 이름으로 돼 있는 법률이 있고, 거기에 위반자라든가 혹은 피해자, 경우에 따라서는 가해자 등등의 이름이 사람들의 생각 속에서 외우기 쉽도록 그 이름을 붙여서 법률 이름을 붙이기도 합니다. 만일 김영란법이란 이름이 붙어 있지 않다면 '부정 청탁 방지법'이라고 부르는 식으로 일반적으로 법률 이름이 논의되기도 했을 겁니다. 하지만 이번 법률은 특별히 개인의 이름이긴 하지만 김영란법이란 명칭으로 부르고 있는 것이죠.

벤츠 검사 사건과 선물의 힘

독자 이 법이 제정된 결정적인 계기가 무엇이었나요?

정 변호사 특별법이 제정될 때는 항상 원인이나 계기가 있었다는 것을 주목할 필요가 있어요. 2011년에 '벤츠 검사 사건'이라는 것이 화제였어요. 현직 검사가 변호사로부터 사건 청탁을 대가로 벤츠 자동차와 샤넬 가방 등 고가의 선물을 받았다는 의혹이 제기된 사건입니다. 그러나 내연 관계에 있는 사람들끼리 주고받은 선물일 뿐 대가성이 없다는 이유로 무죄 판결이 내려졌어요.

독자 그런 일이 있었군요. 화나요.

정 변호사 이처럼 검사들이 거액의 금품을 수수하고도 '직무 관련성이나 대가성이 없다'라는 이유로 혐의를 일부 벗거나 무죄를 받는 배경 속에서 공직자의 부정부패 방지 법안이 필요하다는 여론이 거세게 일었죠. 사실상 그 사건이 김영란법 제정을 촉발하는 계기가 됐다고 할 수 있지만 사실 근본적으로는 우리나라에서도 법제화될 필요가 있다는 의견들이 팽배해 있었죠. 우리 사회가 투명해야 한다는 사회적 인식과 맞물렸다고 봐야 할 겁니다. 미국의 경우만 보더라도 대통령이 외국사절로부터 만년필 하나를 받더라도 개인이 가질 수 없고 따로 보관합니다.

독자 근본적으로는 일반인보다 공직자의 기강을 바로잡기 위한 법이네요.

정 변호사 그렇습니다. 중요한 것은 공직자가 뇌물을 받기 때문에 처벌하는 법이죠. 그런데 실질적으로 뇌물이냐, 아니냐는 형법상 엄격한 요건을 갖추고 있기 때문에 돈을 받았더라도 대가성이 없다고 하면 무죄 판결을 받기도 합니다. 그렇기 때문에 거듭 말씀을 드리지만, 직무 관련성이 있는지 없는지와 상관없이 어떤 특정한 직위에 있는 자가 일정 이상의 대접 혹은 선물을 받는 경우에 그것을 금지할 필요가 있다고 판단해 만들어진 것이 김영란법이에요.

독자 적용 범위가 궁금해요.

정 변호사 사실 법제화 과정에서 적용 범위가 확대되었습니다. 공직자가 아닌 기자나 교사, 교수 등과 같은 직업군을 포함하는 것이 맞느냐는 논란도 있었죠. 법이 발의되고 논의되는 과정에서도 공직자가 아닌 사람들에게 적용하는 것이 위헌이냐, 아니냐는 논쟁도 있었습니다. 게다가 처음에는 국회의원은 대상에서 제외해서 여론의 뭇매를 맞았어요. 재미있는 사실은 공직자가 아닌 사람에게 적용하는 것은 문제가 있다, 위헌이라는 의견을 헌법재판소에 문의하기도 했습니다. 결국, 헌재의 합헌 결정을 받아 나온 법이 김영란법인 거죠. 그렇게 법이 발의되어 통과되기까지 우여곡절이 많았던 법입니다. 러프하게 만들어진 법이고, 그리고 시행된 지가 얼마 안 되었기 때문에 판례가 축적된 상태는 아닙니다. 시간이 지나 판례가 쌓이다 보면 정비가 될 거라고 봐요.

독자 적용 범위에 교사나 교수 등이 포함된 것도 크네요.

정 변호사 물론이에요. 국민권익위원회가 2016년 9월 5일 법안의 적용 대상 기관만 4만 919개였어요. 공공 분야는 국회·법원·헌법재판소·감사원·선관위·인권위 등 6개, 중앙행정기관 42개, 광역·기초 지방자치단체와 시도교육청 260개 등이었죠. 공직유관단체 982개, 공공기관 321개에다가 국회의원도 적용 대상입니다. 법 적용을 받는 각급 학교는 총 2만 2,412개로 유치원 8,930개, 초·중·고등학교 1만 1,799개, 외국인학교 44개, 일반대·전문대·대학원 398개, 사립학교 1,211개, 기타 학교 30개 등이에요. 언론사는 '언론 중재 및 피해 구제 등에 관한 법률(언론중재법)'의 적용을 받는 곳 1만 7,210개가 모두 포함됐죠. 광범위한 셈이죠.

광풍처럼 몰아친 김영란법의 효과

독자 김영란법의 공소시효나 처벌 규정이 궁금합니다.

정 변호사 김영란법에서 처벌하는 규정 자체가 형법상의 처벌 내용과 완전히 다릅니다. 일반적으로 뇌물죄는 일정한 돈을 뇌물로 받았을 때 처벌하는 규정입니다. 대개는 긴 것은 공소시효가 10년이고, 처벌 규정도 '몇 년 이상 징역' 이런 식으로 되어 있습니다. 그에 비해 김영란법은 직무와 관련성이 있느냐, 없느냐를 따지지 않기 때문에 처벌 자체가 낮고, 과태료가 포함됩니다.

독자 잠깐만요. 직무 관련성을 따지지 않는다고요?

정 변호사 그렇죠. 형사법과 달리 직무 관련성과 대가성을 따지지는 않죠. 그래서 공소시효는 일반 형법에 비해서 훨씬 낮습니다. 보통 시효기간이 가장 짧은 게 5년 정도인데, 그것도 너무 짧지 않으냐고 문제로 삼는 의견도 있습니다. 아마 처벌 규정이 약한 탓에 공소시효만 길게 하는 것도 모양새가 좋지 않기 때문에 일반이론에 의해서 그렇게 결정된 것으로 봐요.

독자 효과가 매우 컸다고 하셨죠?

정 변호사 실시 초기에는 굉장했어요. 지난 자료이긴 합니다만 한국사회학회가 김영란법의 시행 이후 1년이 지난 2017년 시점에서 발표한 '청탁금지법 1년과 한국 사회 - 투명성, 공정성, 신뢰성에 미친 효과'에 따르면 참여한 1,202명 중 89.4%가 청탁금지법의 시행 효과가 있었다고 답했고, 시민 10명 중 8명이 김영란법의 효과가 긍정적이라고 생각하는 것 같습니다. 학교에서 촌지가 일시에 사라진 절대적인 효과가 있었죠.

독자 맞아요. 학교나 대학에서 촌지가 일시에 사라졌다는 얘기를 들은 것 같아요. 그러고 보니 효과가 대단했네요.

정 변호사 긍정적인 효과만 있었던 것은 아니었죠. 항상 모든 법이 시행되면 긍정적인 효과가 있는 반면에 피해를 보는 사람도 있기 마련입니다. 김영란법은 처음에는 선물 금액을 5만 원으로 제한했습니다. 그러다 보니 자영업자들, 예를 들어 꽃가게나 농산물 판매업자 등의 경우 경제적 타격이 심했습니다. 김영란법 때문에 망했다는 사람도 있었죠. 식사비는 3만 원이 제한선이라서 식당들이 매출 급감으로 문제 제기가 많았죠. 또한 결혼식을 할 때 축의금도 주고, 화환도 주고 그랬는데, 지금은 그걸 하나로 묶어서 계산한다고 되어 있죠. 그러니까 둘 중 하나만 선택해서 돈만 내는 상황이 벌어지는 겁니다. 그래서 꽃집이 망한다는 얘기가 나왔죠.

독자 맞아요.

정 변호사 선물의 경우 대표적으로 한우를 5만 원 밑으로 사들여 선물하기는 사실상 불가능하잖아요. 그러니 타격이 클 수밖에 없었어요. 그래서 올리자는 의견이 분분해서 최근에 15만 원으로 개정을 한 겁니다. 반면, 하나 좋아진 것은 결혼식 축의금은 10만 원에서 5만 원으로 다시 낮

췄다는 거죠. 공무원들 같은 경우 축의금 때문에 곤혹스러워하는 사람들이 많은데, 긍정적인 효과를 준 것이죠. 또 학교에서 촌지가 사라진 것도 긍정적인 효과입니다. 물론 고마움의 표시로 교수에게 캔 커피를 준 것을 김영란법 위반으로 해석하기도 해 학생과 교사들 간의 관계가 삭막해졌다는 부정적인 평가도 있습니다. 사실 이런 경우는 사회상규에 반하지 않는다고 해 그냥 넘어가도 될 일이었는데, 처음 법을 적용하다 보니 조금 엄격하게 적용한 사례가 아닌가 하는 생각이 들어요. 스승의 날에 카네이션을 혼자 하면 안 된다고 하니 꽃집을 운영하는 자영업자들 입장에서는 낭패인 거죠. 이렇듯 부정적인 면과 긍정적인 면이 동시에 존재하는데, 이는 사회가 발전하는 데 있어 부수적인 것이기 때문에 다소 불편하고 힘들더라도 참아야겠죠. 그래서 농축산물의 경우 적용 범위를 느슨하게 한다든가 하는 방법들을 내놓게 된 것입니다.

독자 그 점은 알겠어요. 이해도 되고요. 그렇다면 경제적인 효과도 살펴봐야겠네요.

정 변호사 구체적인 액수나 비용 등의 경제적인 효과가 궁금한 건가요?

독자 맞습니다.

정 변호사 김영란법은 어떻게 보면 법인 접대비와도 관련이 깊어요. 최근 10여 년 동안 매년 상승했던 법인 접대비가 2016년 김영란법 시행 이후인 2017년에 처음으로 줄었다고 해요. 법인 한 곳당 평균 접대비도 최근 5년 동안 가장 크게 줄었다는 기사를 봤어요. 국회 기획재정위원회 소속 더불어민주당 강병원 의원이 국세청으로부터 받은 '최근 5년간 법인의 접대비 현황'을 보면 신고된 전체 법인 접대비(2016년 귀속)는 10조 6,501억 원으로 1년 전보다 2,451억 원(2.25%) 감소한 것으로 나타났다고 합니다. 명확하게 김영란법 효과라고 봐야죠.

독자 외부 강의를 나갈 때에도 제한이 생겼죠?

정 변호사 공무원의 경우는 금액을 매우 구체적으로 제한해 놓았습니다. 외부 강의의 경우 사례금 상한액은 장관급 이상은 시간당 50만 원, 차관급과 공직유관단체 기관장은 40만 원, 4급 이상 공무원과 공직유관단체 임원은 30만 원, 5급 이하와 공직유관단체 직원은 20만 원으로 제한했어요. 사립학교 교직원, 학교법인 임직원, 언론사 임직원의 외부 강의 사례금 상한액은 시간당 100만 원입니다. 이렇게 금액을 제한했기 때문에 오히려 깨끗해진 것 같기는 합니다. 물론 이런 제도가 예측 가능하기 때문에 좋기는 하지만 불만이 있는 사람도 있습니다. 특히 유명 대학교 교수님들은 외부 강의를 하기가 어려워져 매우 억울했을 거예요.

독자   김영란법은 미국의 '로비스트제도'와는 상반된 법으로 보여 고민해 볼 문제가 많은 것으로 보여요. 청탁 금지와 로비의 합법화에 대한 의견이 있으시다면 말씀해 주십시오.

정 변호사   우리나라에서도 로비 합법화에 대한 의견이 논의된 적이 있었습니다. 차라리 로비를 합법화해서 모든 것을 투명하게 진행하자는 것이죠. 그런데 우리나라에서는 로비에 대한 인식이 아직은 좋지 않은 게 사실입니다. 국민이 보기에는 로비가 바로 청탁으로 이어지는 것이죠. 그래서 입법화하자는 논의는 있었지만 사회적 인식으로 인해 아직은 요원한 일로 보입니다.

처벌보다 금지나 기강 잡는 법?

독자   김영란법이 시행된 이후 변호사 사무실이나 로펌에서는 어떤 변화가 있었을까요?

정 변호사 우리 법무법인뿐만이 아니라 전체적으로 김영란법과 관련해서 처음에 정확한 개념이 없는 상태였습니다. 상당히 헷갈렸기 때문이죠. 예를 들어 친구나 지인과 골프를 쳤는데, 그 친구 중에 공직자가 있을 수도 있잖아요. 그럴 경우에는 어떻게 해야 할 것인가 등등을 비롯하여 구체적인 상황에서 여러 가지 문제가 벌어지기 때문이었습니다. 일반 기업에서 김영란법과 관련해서 로펌으로 강의를 해달라고 난리였어요. '김영란법이 통과됐다고 하는데, 이게 도대체 뭐냐?'는 물음들이었죠. 우리뿐만 아니라 많은 로펌에서 강의를 많이 다닌 것으로 알고 있습니다. 지금도 어떤 사안에 따라 김영란법에 저촉이 되는지 아닌지 문의하는 기업이 있습니다. 물론 이런 일들이 로펌에서는 큰 수입으로 이어지는 사안은 아닙니다.

독자 김영란법은 상대적으로 실시가 된 지 얼마 안 된 편인데 판례가 있나요?

정 변호사 판례라기보다는 어떤 사안에 대해서 '되고, 안 되고'를 내부적으로 해설하는 경우는 많이 있습니다. 그런 것들이 참고될 것이고, 위반 사례가 나오면 축적이 될 것입니다. 재판에 넘겨진 사안이 있다는 얘기는 들었고, 지금까지 축적된 판례가 많이 있는 것 같지는 않습니다.

독자   혹시 지나간 일이거나 현재 진행 중인 사건 등에서 정치적으로 김영란법을 적용할 만한 사건이 있을까요?

정 변호사   아, 유재수 전 부산시 경제부시장 사건이 있네요. 검찰이 금융위원회 재직 당시 업체들로부터 뇌물을 받고 편의를 봐준 혐의를 받는 유재수 전 부산시 경제부시장을 구속 기소했었죠. 그때 기소 내용이 뇌물수수와 수뢰 후 부정처사, 부정 청탁 및 금품수수의 금지에 관한 법률 위반 혐의 등이었어요. 논란이 좀 있기는 했죠.

독자   논란이요?

정 변호사   검찰이 기소하는 것까지는 좋은데, 우리 법률가들이 보면 좀 의심의 여지가 있거든요. 검찰이 기소하면서 금품·이익 수수 총액수를 4,950만 원으로 산정했어요. 특정범죄가중처벌법(특가법)상 5,000만 원 이상 금품·이익을 받으면 받는 형량이 달라지기 때문에 검찰이 '봐주기 수사'를 한 것 아니냐는 논란이었어요.

독자   아, 액수가 5,000만 원을 간신히 넘지 않았네요.

정 변호사   맞아요. 검찰은 당시 유 전 부시장이 업체 관계자 등 총 4명으로부터 4,950만 원(정확히는 4,956만 원) 상당 금품과 이익 등을 수수하고, 부정행위를 한 혐의가 인정된다고 설명했거든요. 특정범죄가중처벌법(특가법) 제2조는 뇌물죄의 가중처벌 규정으로 수뢰액이 3,000만 원 이상 5,000만 원 미만인 경우에는 5년 이상의 유기징역에 처하도록 하고 있어요. 5,000만 원 이상은 7년 이상의 유기징역, 1억 원 이상이면 무기징역까지 가능해요. 5,000만 원에서 4,956만 원 차액인 44만 원 때문에 검찰이 특가법을 적용하지 않았다는 분석이 나왔죠. 결과적으로 2021년 대법원은 뇌물수수와 수뢰 후 부정처사, 부정 청탁 및 금품 등 수수의 금지에 관한 법률 위반 혐의로 기소된 유 전 부시장에게 징역 1년에 집행유예 2년과 벌금 5,000만 원, 추징금 2,100여만 원을 선고한 원심을 확정했습니다.

독자   아, 그렇군요.

정 변호사   일반 시민들이 정확하게 알아야 할 내용이 바로 이 지점입니다. 뇌물죄는 돈을 주면서 그 대가, 즉 반드시 직무와 관련성이 있어야 합니다. 돈 받고도 '직무와 관련성이 없다. 친구와 만나서 개인적으로 도움을 받은 것뿐이다'라고 한다면 예전에는 처벌하기도 어렵고, 기소하기도 어려웠습니다. 또 정치인들의 경우 몇 년간 법정 공방 끝에 무죄로 풀려난 경우도 많았죠. 그런데 국민의 입장이나 특히, 검찰의 입장에서 봤을 때는 처벌할 필요성이나 제한할 필요성이 있었던 거죠. 그래서 직무 관련성을 뺀 것이 김영란법입니다.

독자   우와, 통쾌해요.

정 변호사   그러니까 직무 관련성이 없어도 일정 금액 이상 받으면 안 된다는 것이죠. 이것이 대전제라고 생각하면 됩니다. 그 부분이 중요하기 때문에 국민 일반이 잘 이해해야 합니다. 물론 적은 금액이라 하더라도 그것이 대가성이 있으면 당연히 처벌받습니다. 100만 원 미만이라고 해서 뇌물죄가 안 되는 게 아닙니다. 30만 원을 받았더라도 직무와 관련해서 받았다면 뇌물죄가 성립되는 겁니다. 금액이 적다고 뇌물죄가 아닐 거라고 착각하면 곤란하겠죠.

독자   처벌 수위가 낮고 공소시효가 짧은 게 아쉬워요.

정 변호사   당연합니다. 형사법으로 처벌하기에는 약하고, 대가성이 있다 보기에도 어렵지만 일정한 금액 이상을 공직자나 교사, 기자 등은 사회적 의무와 책임이 강하다는 의미에서 집어넣은 것입니다. 예를 들어 예전에 돈을 받고 기사를 써주는 소위 '사이비 기자'들이 많았잖습니까? 하지만 김영란법이 그런 일을 제한하는 데 큰 역할을 하고 있습니다. 그러니까 김영란법은 처벌이 목표라기보다는 그런 일을 못 하게 막자는데 있는 겁니다. 그리고 일하는 입장에서는 더 편하게 일하는 분위기를 만들어 줄 수 있는 특별법이 김영란법이라 할 수 있는 겁니다.

뇌물의 얼굴은 스무 개

독자 '다스'가 이명박 전 대통령이 실소유주라는 문제로 법적인 공방이 있었습니다. 다스와 관련하여 삼성 측의 수임료 대납이 뇌물 사건으로 번진 것인데, 이에 대한 평가는 법률적으로 어떻게 보십니까?

정 변호사 그 경우 직무 관련성이 입증되면 뇌물죄가 성립되기 때문에 우리가 말하는 특별법과 관계없이 일반 형법으로 처벌이 가능합니다. 다시 말해 대납한 것이 이명박 전 대통령의 직무와 관련이 있느냐, 없느냐로 판단하기 때문에 법률적인 평가는 직무 관련성에 대한 일반 형법상의 요건 사실이 맞느냐는 것이 주요 사안이었습니다. 결국, 뇌물죄와 관련성이 있기 때문에 김영란법과는 관계가 없죠.

독자　　김영란법과 관련하여 해외에서 일어난 사건이나 법적인 공방으로 나타난 결과도 있다면 소개해 주십시오.

정 변호사　김영란법과 유사한 법이 해외에도 있느냐는 질문 같습니다. 그런 법이라면 많이 있습니다. 앞서서 말씀을 드렸지만, 미국의 경우 대통령이 선물을 받으면 개인소유를 못합니다. 금액이 우리나라보다 더 엄한 걸로 알고 있어요. 대통령이 받은 선물이 제한 금액을 다 넘기 때문에 박물관으로 가는 겁니다. 식사 접대의 경우도 우리나라와 마찬가지로 일정 금액 이상은 제공받지 못하게 되어 있습니다. 우리나라보다 먼저 김영란법과 비슷한 법이 있다는 거죠.

독자　　해외에서 '롤스로이스 뇌물 사건을 도운 인공지능, 레이븐' 이야기가 보도된 적이 있습니다. 롤스로이스가 항공기 엔진 등의 부품 계약을 따내려고 여러 나라에서 수천만 달러의 뇌물을 뿌린 혐의로 기소된 사건인데 인공지능 레이븐이 법적 자료를 신속하게 분류하여 도왔다는 겁니다. 레이븐의 로봇은 7명의 수사팀이 3천만 쪽의 문서를 살피는 것을 도왔는데, 하루에 많게는 60만 쪽을 훑었다고 합니다. 인공지능(AI)이 문서 분류나 법 조항 검토를 통해 지원하는 내용이 법조계에 미치는 영향이 많겠죠?

정 변호사 자세히 기억은 나지 않는데, AI가 문서 분류에 큰 도움을 주었다는 얘기인데 경우에 따라서는 매우 혁명적인 경우라 할 수 있겠어요. 문제는 AI가 법리 분석이 가능하겠느냐는 질문에는 아직 회의적일 수밖에 없겠죠.

독자 롤스로이스 뇌물 사건에서는 확보된 문서가 많아 이들을 분류하기 위해 여러 명을 투입해도 일반적으로 4년 정도 걸린다고 합니다. 하지만 인공지능 레이븐을 활용해 그 기간을 획기적으로 단축해 소송에서 쉽게 이길 수 있었던 것 같습니다.

정 변호사 그렇죠. 인공지능이 케이스를 분석하고, 결과를 도출하는 일을 사람이 하는 것보다 연산속도가 당연히 빠르겠죠. 조만간 그런 시대가 올 것으로 봅니다. 그런데 제 생각에 법이라는 것은 뇌물죄와 김영란법 등의 관계를 봤을 때 법적으로만 되지 않는 케이스가 많이 있습니다. 처벌이라는 문제로 가게 되면 '처벌할 것이냐, 말 것이냐' 하는 부분이 인공지능이 판단하기가 곤란해 사람이 판단해야만 하는 부분이 많기 때문이죠. 결국, 사람이 결정할 거라고 봅니다. 최종적인 결정은 사람이 할 것이고, 인공지능이 찾아낸 자료는 참고 자료로 쓰일 겁니다. 그 자료를 참고 자료로 자꾸 받아들이게 된다면 인간이 판단하는 데 있어서 오류를 많이 줄여갈 수는 있을 거예요.

독자 김영란법의 맹점이 있다면 소개해 주십시오.

정 변호사 뇌물죄라고 하기에는 곤란한 상황에서 뇌물을 조금씩 나눠줘서 금액이 커지면 문제가 되지 않는 경우가 생기죠. 그런데 김영란법에서는 그런 것들을 합산하지 않는 것으로 되어 있어요. 여러 차례 줘도 제한된 금액만 넘지 않으면 되는 것으로 해석하는 것입니다. 이게 맹점이긴 해요. 이를 악용해서 매일 그런 식으로 조금씩 준다면 처벌이 쉽지 않죠. 그래서 뇌물성이 의심된다면 김영란법이 아니라 뇌물죄로 처벌을 받게 될 겁니다. 때문에 김영란법을 그렇게 만든 것으로 보입니다. 한편 합산해서 연 300만 원이 넘는다면 처벌하도록 하는 규정이 있습니다.

독자 특별법과 상관없더라도 변론하시면서 뇌물죄와 관련해 경험한 사례가 있으신가요?

정 변호사 뇌물죄의 경우, 만일 공무원이 뇌물죄로 집행유예 이상의 처벌을 받게 되면 나중에 퇴직금 중 반이 박탈됩니다. 그래서 어떤 공무원이 벌금형으로 처벌받을 수 있도록 도와달라고 한 적이 있었습니다. 군인의 경우는 더 엄격해서 뇌물죄로 처벌받으면 바로 군복을 벗어야 합니다.

그래서 선고유예 쪽을 요구하기도 합니다. 왜냐면 앞에서 든 공무원의 경우와 달리 군인은 선고유예를 받으면 군복은 벗더라도 퇴직금은 전액 받을 수 있기 때문입니다. 그래서 공무원이나 군인들은 뇌물죄와 관련해서 변호사 선임을 상대적으로 많이 하는 편입니다.

독자 공무원이 퇴직했을 때는 어떻습니까? 공소시효를 따지나요?

정 변호사 당연히 따집니다. 모든 형사 범죄는 시효를 따지죠. 특히, 공무원이라면 명예와 관련 있기 때문에 그러한 사건이 많은 게 사실입니다.

독자 김영란법과 관련하여 응원의 한마디를 해주신다면요?

정 변호사 만들어진 계기라든가, 실질적으로 적용해서 사회에 미치는 파장 측면에서 보면 사실상 김영란법은 굉장한 법인 것만은 분명합니다. 이슈라는 것은 공무원이 뇌물을 받아서 신문에 나고 하는 것들을 말하는데, 그런 의미보다는 사회라는 전체적인 큰 틀로 봤을 때 끼치는 영향이 상당하다 할 수 있습니다. 그러니까 공소시효나 벌금 등에 비해서 사회에 상당한 파급효과를 일으키는 특별법 중 하나가 바로 김영란법입니다. 앞으로 판례가 쌓이고 사례가 늘면 필요한 개정을 통해 공직사회나 국회, 학교,

언론사 등 직장사회의 중요한 법규로 자리를 잡을 것입니다. 그래서 뇌물에는 천 개의 얼굴이 있다는 생각이 들어요. 김영란법이 잘 지켜주길 바랍니다.

김영란법 핵심 요약

① **정식명칭** 부정 청탁 및 금품 등 수수의 금지에 관한 법.

② **연혁** 2015년 3월 27일 제정된 법안, 2012년 김영란 당시 국민권익위원회 위원장이 공직사회 기강 확립을 위해 법안 발의, 2016년 9월 28일부터 시행.

③ **적용 범위** 공직자를 비롯하여 법안의 적용대상자가 근무하는 4만 919개 기관 종사자.

④ **김영란법과 뇌물죄의 공소시효**

항목	적용 대상 금품수수	처벌수위	시효
김영란법	1회 100만, 연간 300만원 초과	3년 이하 징역, 3000만원 이하 벌금	5년
	직무관련자로부터 1회 100만원 이하	수수가액의 2~5배 과태료	5년
뇌물죄	1000만원 이하	5년 이하 징역, 10년 이하 자격정지	5년
	5000만원 이하	5년 이상 징역	7년
	5000만원 초과	무기 또는 10년 이상 징역	10년

2장
성매매방지특별법

욕망은 경주마의 질주

———— 작가 톨스토이는 "성욕과의 싸움이 가장 어려운 투쟁"이라는 말을 남겼다. 반면에 과학자 제임스 왓슨은 "섹스가 인생의 가장 중요한 문제임은 명백하다. 섹스는 인생의 행복을 좌우한다."라고 주장했다. 작가가 성적 욕망에 대한 갈등을 지적하는 반면에 과학자는 아예 섹스가 행복의 기준이라고 강조하는 형국이다.

　　일정한 대가를 주고받기로 하고 성행위나 이에 준하는 행위를 하는 일을 성매매라 한다. 역사는 길다. 논란도 많다. 역사학자들은 인간이 모여 살면서부터 성매매가 시작됐다고도 하고, 그 역사는 기원전 5,000년쯤으로 설명하기도 한다. 세상 어느 나라를 가 봐도 성매매는 도덕적으로 모두 지탄의 대상이다. 그러나 성매매는 공통적인 특징은 세상 어느 나라를 가도 진행되고 있고, 여성 차별적이라는 점이다. 한국의 경우는 어떨까.

OECD 회원국, 대부분 성매매 합법화

독자   특별법 제정에는 결정적인 계기가 있다고 하셨죠? 성매 매방지특별법이 제정된 결정적인 사건은 무엇이었나요?

정 변호사   2002년 1월 19일 전라북도 군산 개복동에 있는 성매매 업소에서 전기 합선으로 보이는 불이 크게 났어요. 당 시 건물에 있던 여성 종업원 14명과 지배인 1명을 포함해 서 15명이 숨진 사건이 터졌어요. 이때 화재 참사를 기점 으로 성매매 피해 여성들의 참혹한 실태가 드러났죠. 성 매매 문제의 심각성과 성매매 여성의 보호가 필요하다는 여론이 들끓었습니다.

독자   예나 지금이나 사람이 죽거나 다쳐야 경각심이 생긴다니 슬퍼요.

정 변호사   그게 문제입니다. 여성들의 유입경로를 조사해 보니 인 신매매가 주를 이뤘던 것으로 드러났습니다. 물론 강제 로 납치하는 경우는 당연히 형사처벌의 대상인데, 그 정 도가 아니더라도 성매매를 방지하고, 알선하는 사람들 도 처벌해야겠다는 취지에서 발의된 특별법인 셈이죠. 당시 여성가족부와 여성단체가 주도적으로 진행했고, 스 웨덴의 '성 구매방지법'을 모델로 삼아 입법 과정을 거쳐

2004년 9월 23일부터 본격적으로 시행된 법이에요.

독자 확실히 특별법이 제정이 된 경우는 사회적인 변화나 사건이 많이 반영되는 것 같습니다. 특히 성매매방지특별법은 여성 인권과 관련하여 매우 필요한 법규로 보여요. 이전에도 성매매는 어쨌든 불법 아닌가요?

정 변호사 맞습니다. 이전에도 1961년에 제정된 '윤락행위방지법'이라는 일반 법규가 있었죠. 그 이전에는 1947년부터 '공창제도 폐지령'이 발효되어 성매매는 불법화되었어요. 하지만 2004년에 만들어진 성매매방지특별법이 당시 법보다 처벌이 강화된 법이면서 피해자도 보호받을 수 있게 한 법이라고 봐야 합니다.

독자 정식명칭은 '성매매 알선 등 행위의 처벌에 관한 특별법'과 '성매매 방지 및 피해자 보호 등에 관한 법률'이라서 상당히 기네요. 이렇게 명칭이 긴데 다 외우세요?

정 변호사 그럼요. 직업이니까요. 성매매 알선 등 행위의 처벌에 관한 특별법과 성매매 방지 및 피해자 보호 등에 관한 법률 두 가지로 구성된 법이죠. 문제는 종업원이 인신매매를 거쳐 억압된 상태에서 의지와 상관없이 성매매하는 경우가 많이 발생하다 보니까 특별히 더 제재를 강화해야겠다는 의미에서 성매매방지특별법을 만든 거죠. 특히 알선 등 행위의 처벌에 관한 특별법을 만들어서 거기에 관련된 사람들, 즉 포주나 알선자, 그리고 납치와 연관된 사람들을 강력하게 처벌하고 있는 것이죠. 또 피해자도 보호해야 하지 않겠습니까? 그래서 피해 여성들을 여성의 집 같은 시설에서 보호하기도 합니다. 그런 면에서 여성 인권과 관련 있는 법규라고 할 수 있습니다. 성매매라는 것은 처음부터 불법적인 행위입니다. 이에 대한 처벌이나 방법은 국가마다 조금씩 다릅니다.

독자 나라마다 달라요? 성매매는 전 세계적으로 불법 아닌가요?

정 변호사 그렇지는 않아요. 성매매가 합법인 국가보다 불법인 국가가 더 많지만, 특이하게도 OECD 회원국들의 대부분은 성매매를 합법화한 상태라고 해요. OECD 회원국 35개국 중 대한민국과 슬로베니아 2개 국가에서만 성매매가 전면 금지되고 있습니다. 많은 국가가 성매매에 규제가 약해서 사실상 묵인하고 있는 걸로 보입니다. 또 어떤 국가는 성행위 중에서도 '삽입'의 경우에만 처벌하는 곳도 있습니다. 선진국일수록 성매매가 합법화된다는 것은 여성 인권의 측면에서는 선진적이라고 보이지 않습니다. 우리나라에서는 성매매방지특별법 시행 이전에도 사실 성매매는 불법이긴 했어요. 성 구매자에 대한 처벌이 강화된 것도 1996년 1월 6일에 시행된 '윤락행위방지법 개정안'부터였거든요. 우리나라가 OECD에 가입한 게 1996년 12월쯤이니까 성매매 금지법 측면에서는 선진국이었죠.

독자 미국의 경우는 어떤가요?

정 변호사 미국에는 맨법(Mann Act)이라고 해서 성매매 여성이 각 주의 국경을 넘어서는 원정 성매매를 금지하는 법률을 제외하면 성매매를 언급하는 법률이 없다고 해요.

포주에 대한 처벌이 강화된 법

독자 2004년에 제정된 성매매방지특별법이 특별한 점은 무엇인가요?

정 변호사 핵심은 포주에 대한 처벌이 강화된 점이에요. 아울러 성을 팔고 사는 양쪽 모두를 처벌하는 법이라는 거죠. 그리고 성행위와 관련해서 이익을 얻게 되면 전액을 몰수하게 되어 있습니다. 하지만 사실 그 몇 배로 몰수해야 하는 게 맞다고 봅니다. 그렇게 해야 단절되지 않을까 싶죠. 한 가지 덧붙이자면 돈을 지불하고 성행위를 한 사람이나 성매매를 한 여성에게 있어서의 처벌은 과거와 비교해 크게 강화된 건 아닙니다. 다만 그것을 업으로 삼아 성매매를 강요한 이들에 대한 처벌을 강화하고, 그 이익까지도 원천적으로 몰수하겠다는 겁니다.

독자 공소시효라는 게 정확히 무슨 뜻이에요?

정 변호사 먼저 공소라는 용어가 있죠. 검사가 어떤 사건에 대해 법원의 재판을 청구하는 신청을 공소라고 합니다. 이런 신청 절차를 공소의 제기, 또는 기소라고 해요. 검찰이 누군가를 기소했다는 말을 자주 쓰잖아요.

독자 네, 많이 들어봤어요.

정 변호사 그래서 검사가 한 사건에 대해 공소나 기소를 할 수 있는 기간을 말하죠. 일정 기간이 지나면 범죄 사실에 대한 국가의 형벌권을 완전히 소멸시키는 것이 공소시효입니다. 따라서 공소시효가 완성되면 아무리 죄를 저질렀어도 수사 및 기소 대상이 될 수 없는 것이죠. 예를 들어 화성 연쇄살인 사건의 범인이 이춘재라는 것이 밝혀졌어도 공소시효가 지났거나 완성되었다면 처벌할 수 없죠.

독자 성매매방지특별법의 공소시효는 어떻게 되죠?

정 변호사 5년입니다.

독자   위반한 사람의 처벌은 어떻게 되나요?

정 변호사 성매매 알선 등 행위의 처벌에 관한 법률과 성매매 방지
         및 피해자 보호 등에 관한 법률로 나눌 수 있어요. 요약
         하면 성매매 알선자와 모집자는 3년 이하의 징역 또는
         3,000만 원 이하의 벌금에 처합니다. 그런데 성매매의
         대가를 지급받은 사람은 7년 이하의 징역 또는 7,000만
         원 이하의 벌금에 처합니다. 특히, 성매매를 강요한 업주
         는 지금껏 '5년 이하의 징역 또는 1,500만 원 이하의 벌
         금'에 처했으나, 이제 '10년 이하의 징역 또는 1억 원 이
         하의 벌금'이라는 중형에 처하게 됩니다. 아울러 성매매
         방지 및 피해자 보호 등에 관한 법률에 따른 신고를 하지
         않고 지원시설을 설치·운영한 자와, 신고하지 않고 상담
         소를 설치·운영한 자는 1년 이하의 징역 또는 1,000만 원
         이하의 벌금에 처합니다.

윤락이라는 이름은 여성에 책임 전가한 표현

독자   그런데 예전에 사용하던 '윤락행위'라는 용어와 비하의
         의미를 지닌 '윤락녀'라는 표현을 없앴다는 점에서 진일

보한 특별법인 것 같아요.

정 변호사 맞습니다. 그리고 과거 '윤락행위방지법' 아래에서는 소위 '윤락여성'들이 보건증을 소지해야만 영업을 할 수 있었습니다. 다시 말해 공창제도는 아니지만 사실상 그에 준하는 사회적 묵인이 존재했던 게 사실입니다. 그리고 성매매방지특별법 발효 이후 문제점이 없는 것만은 아닙니다. 그들 중에는 자발적 성매매 종사자가 있기 때문에 특별법 이후 윤락촌이 사라진 대신에 그들이 주거지역으로 숨어 들어가는 현상이 벌어졌던 것입니다.

독자 앞에서 말씀하셨을 때 이번 성매매방지특별법은 포주에 대한 처벌이 강화된 것이 큰 특징이라고 하셨는데, 포주의 강압에 의한 종업원들의 피해도 처벌을 받나요?

정 변호사 성매매방지특별법에는 성매매를 강요당한 피해자를 처벌하지 않는다는 규정을 만들었어요. 성매매 피해자로 부를 수 있는데 4가지로 규정했죠. 첫째는 인신매매를 당했을 때, 둘째는 미성년자 혹은 장애인일 때, 셋째는 약물에 의한 성매매 혹은 위계일 때, 넷째는 위력으로 성매매를 강요당했을 때를 말해요. 문제는 몇 가지만 빼면 현장에서 자발적 성매매 여성과 성매매 피해자를 구분하는 것은 현실적으로 쉽지 않거나 별 의미가 없다는 것이죠.

독자　의미가 없다고요?

정 변호사　예를 들어 미성년자일 때 업소에 자발적으로 업소에 들어와 성년이 된 경우, 인신매매를 당했으나 그 일을 지속하는 것을 원하는 경우 등등 따지기가 현장에서는 쉽지 않다는 것이죠.

독자　아, 그런 민감한 문제가 있군요. 특별법이 생기면 또 다른 문제가 생길 수도 있으니, 역학적으로 고민해야 하는군요.

정 변호사　그렇습니다. 성매매방지특별법이 생긴 이후에 처벌을 면하기 위해 유사성행위 업소들이 생겨나기 시작했던 겁니다. 반대로 생각하면 성매매방지특별법으로 성매매를 금지한 것이 우리가 나중에 살펴볼 '성폭력 범죄'가 증가하게 된 원인이라는 분석도 있습니다. 성매매를 하지 못하게 해서 성범죄가 늘어난다는 취지의 분석인 거죠.

독자　정말요? 그런 자료가 있나요?

정 변호사　예전 자료를 찾아봤는데 법무부 집계 결과에 따르면, 미성년자를 대상으로 한 성매매 사건은 2014년 961건에서 2017년 1,485건으로, 3년 동안 약 54%나 증가했다고 해요. 미성년자가 또래 청소년의 성매매를 강요하거나 알

선하는 사건도 증가 추세라고 하고요. 2017년에 미성년
자 성매매 알선으로 입건된 청소년이 245명에 달한다고
합니다. 청소년의 성매매도 심각한 수준입니다. 이 법규
가 국내에 꼭 필요한 이유죠.

독자 정말 그렇군요. 성매매방지특별법과 관련하여 변호사님
이 이끌고 계시는 법무법인 우원에서는 의뢰가 있었는지
궁금합니다.

정 변호사 성매매 단속에 걸린 구매자들이 특별한 경우를 제외하고
는 변호사를 선임하는 일은 거의 없습니다. 대개 벌금형
으로 끝나기 때문에 해결이 쉽기 때문이죠. 우리 법무법
인에서도 성매매와 관련해서 의뢰하는 경우가 있었는데,
성인 남성의 경우 가족에게 알리지 않고 조용히 해결할
수 있는지 문의하고 의뢰하는 사례가 종종 있었습니다.
그런 경우는 단순 성매매의 경우가 그렇고, 보통 업주나
범죄 관련자에 대한 처벌 수위가 높은 편입니다. 다만 미
성년자와 성행위를 했다면 폭력행위가 없더라도 그에 준
해 강한 처벌을 받습니다.

고양이에게 맡겼던 생선가게

독자　성매매방지특별법과 관련된 판례가 있다면 소개해 주세요.

정 변호사　현직 경찰이 몰래 성매매 업소를 운영해서 기소된 사례가 기억납니다.

독자　현직 경찰이요? 영화에서나 나오는 일인 줄 알았는데 놀랍네요.

정 변호사　2020년 1월 31일에 선고 공판이 있었는데, 성매매알선 등 행위의 처벌에 관한 법률 위반 혐의로 기소된 전 경기 화성 동탄 경찰서 소속 A 경감에게 1심과 같이 징역 3년을 선고했습니다. 법원에 따르면 A 경감은 지난 2017년 7월부터 2018년 12월까지 경기도 화성시에서 마사지 업소를 운영하며 성매매를 알선하여 1억 8,000만 원을 받았답니다. 당시 A 경감은 화성동부경찰서(현 오산경찰서) 생활질서계 계장으로 성매매 단속 업무를 맡고 있었다니 놀라운 일이지요.

독자　세상에 어떻게 그럴 수가 있죠?

정 변호사　A 경감은 중국 교포를 바지 사장으로 내세워 성매매 업소를 운영했고요, 그의 업소는 근무하던 경찰서에서 멀리 떨어져 있지 않아 충격이 컸어요. 단속해야 할 경찰이 포주였으니 영화에서도 진부한 소재라고 할 수 있겠죠.

독자 경찰이 포주라니 세상에.

정 변호사 경찰이나 검사가 성매매를 하여 단속된 사례도 있죠.

독자 법을 집행해야 할 경찰이나 검사까지 성매매를 했다가 단속된 경우네요.

정 변호사 근무 중에 외출해서 성매매를 한 경찰관 B 씨는 관할청에서 해임된 적이 있습니다. B 경찰관은 다른 경찰도 성매매를 했는데 해임은 안 됐다며 징계를 취소해달라는 소송을 냈는데 법원은 이를 받아들였습니다. 이 경우에는 공분을 일으킬 수밖에 없었죠.

독자 몰랐네요.

정 변호사 이런 경우를 보면 어떤 폭력행위가 있는 게 아니고, 돈을 주고 성매매를 한 것이 범죄행위에는 해당하지만, 해임까지 하기에는 과하지 않느냐는 해석으로 보입니다. 만일 그 경찰관이 뇌물죄와 같은 비위에 연루된 사람이라면 당연히 강한 처벌을 받았을 거예요. 다시 말해 벌금 정도 받을 사안인데 해임은 과하다는 거죠.

독자 그런데 다른 경찰관의 경우는 다른 처벌을 받았기 때문에 억울하다면서 소송을 제기한 것인데, 다른 사례와 견

주어 보면 법에 맹점이 있는 것 같네요.

정 변호사   그래서 인공지능(AI)이 다 해결할 것 같지만 그렇지 않다는 것을 경찰관의 사례와 비교해 보면 알 수 있죠. 아마 가벼운 처벌을 받은 경찰관의 경우는 평소 업무평가가 우수한 사람이었을 가능성이 높습니다. 그래서 법원은 그것을 참작해서 실수로 받아들이고 기회를 주었다고 볼 수 있죠. 그리고 B 경찰관의 경우는 업무평가나 평판이 좋지 않은 사람이었을 것으로 보입니다. 그래서 해임에까지 이르지 않았나 예상할 수 있어요. 그래서 어떤 사안이 케이스 하나만으로 판단할 수 없는 겁니다. 결국 법률적인 판단은 대부분 사람이 해야 하는 것이죠. 이게 지금까지 제가 내린 결론입니다. 사람이 가장 불안전한 존재이면서도 결국에는 마지막 결정은 기계가 아닌 사람이 내릴 수밖에 없는 것이죠.

독자   그 점은 동의가 되네요. 성매매 단속과 관련하여 신문이나 방송을 보면 경찰관들이 단속 정보를 흘려준 사례가 있다는 얘기를 들은 것 같아요.

정 변호사   그런 사례가 있긴 있었죠. 어쨌든 경찰이 단속을 나가는 경우 가장 먼저 확보하려는 게 리스트입니다. 바로 단골손님 목록이라는 거죠. 그것부터 찾고 만일 확보하게 되면 거기에 있는 사람들에게 일일이 전화를 겁니다. 어쩌면 그 경찰관이 그런 리스트를 보고 성매매 사실이 발각됐을 가능성이 있는 것이죠.

독자 나쁜 짓을 하고 그냥 넘어갔다고 생각하겠지만 언제가 꼬리가 잡힐 수가 있다는 얘기네요.

정 변호사 맞습니다. 2020년 1월 31일에는 경찰이 서울 마포구의 한 오피스텔에서 성매매한 혐의로 현장에서 붙잡힌 현직 검사를 기소 의견으로 검찰에 넘긴 적이 있습니다. 경찰은 채팅앱을 이용해 성 매수 남성을 구한다는 글을 추적했다고 해요. 성매매가 이뤄지는 오피스텔에 급습했다가 한 남성이 술에 취한 상태로 성매매 여성과 함께 있는 현장을 적발했습니다. 경찰은 이 남성과 성매매 여성을 현행범으로 체포한 뒤 경찰서로 데려가 조사를 벌였는데 처음에는 직업이 없다고 했다가 검찰 간부였던 게 드러나고 말았죠.

성매매로 망신당한 국내외 셀럽들

독자 성매매 사건은 경찰과 검찰뿐만 아니라 모든 분야의 종사자들이 다 적용될 수밖에 없겠네요.

정 변호사 그렇죠. 적용 범위가 엄청 넓죠.

독자 사회적으로 이슈가 된 지 오래된 장자연 사건이 말만 무성할 뿐 아직도 해결의 기미가 보이지 않습니다. 따지고 보면 성매매방지특별법과 관련이 있지 않나요?

정 변호사 결국 장자연 사건은 매니저나 관련자들을 위에서 말한 포주나 알선업자에 준해서 처벌할 수 없는가 하는 문제입니다. 물론 관련은 있지만 문제는 장자연 씨가 직업적인 성매매 여성이 아닌 연예인으로 활동하던 중에 부수적으로 발생한 사건이라는 점이에요. 게다가 그 대상자가 언론사 등 고위 직군이어서 사회적 관계로 인해 쉽게 풀리지 않는 사건이죠. 게다가 '그 자리에 가기 싫었지만 갔다'라는 정도로 성매매방지특별법을 적용할 수 있느냐는 좀 다른 문제여서 적용하기 어려운 부분이 있습니다. 결론적으로 상대가 사회적 지위가 높은 사람이라는 한계도 있지만 법률적으로도 적용하기 애매한 사건이라는 거죠.

독자 삼성 이건희 회장도 성매매와 관련된 사건이 보도된 바 있습니다. 지금 현황은 어떠하고, 가해자가 병중이거나 금치산자 등 기타의 상황일 때는 처벌이 어려운가요?

정 변호사 동영상을 본 사람은 알겠지만, 돈을 주는 장면이 등장하기 때문에 성매매라고 볼 수 있습니다. 하지만 앞서 말씀드렸듯이 성매매 사실 하나만으로는 강하게 처벌할 수 있는 정도는 아닙니다. 게다가 당사자가 위중한 상태이기 때문에 입건해서 처벌할 필요성은 없는 사안이라 말할 수 있습니다. 어떤 사람이 범죄를 저질렀을 때 그것을 발견했다고 해서 다 처벌해야 한다는 것은 아니고, 검사에게는 처벌까지 가지 않고, 기소를 유예할 수 있는, 그래서 훈계 정도로 끝내는 제도가 있습니다. 도덕적으로는 문제가 되지만 형사처벌까지 할 필요가 있느냐 하는 것이죠.

독자 대기업이라고 해서 봐줄 수는 없는 일이죠. 성매매방지특별법과 관련하여 해외에서 일어난 사건이나 법적 공방으로 나타난 결과도 있다면 소개해 주십시오.

정 변호사 우리나라의 성매매방지특별법 측면에서 살펴보면 수없이 염문을 뿌리고 다녔던 실비오 베를루스코니 이탈리아 전 총리가 생각이 납니다. 베를루스코니 전 총리는 2010년 한 별장에서 당시 17세였던 모로코 출신의 댄서 카리마 엘 마루에게 돈을 주고 성관계를 한 혐의로 2011년 2월 15일에 기소됐었습니다. 2013년 6월의 1심에서는 베를루스코니 전 총리에 대해 7년 형과 함께 평생 공직 진출 금지를 판결했었습니다. 그런데 문제는 2014년 7월경에 미성년자 성매매 혐의로 기소된 실비오 베를루스코니 전 총리에게 7년 형을 선고한 원심을 깨고 무죄를 선고했다는 것이었죠.

독자 어떻게 그럴 수가 있죠?

정 변호사 베를루스코니 전 총리의 변호인 측에서는 성관계를 맺었는지 여부는 별개로 미성년자인지도 알지 못했다는 진술이 받아들여진 것 같다는 분석을 내놓았어요.

독자 어이가 없군요. 그런데 이상한 것은 공판이 너무 느린 것 같아요. 2010년에 있었던 사건을 2011년 2월에 기소하고, 2013년 6월에 1심을 선고했는데, 2심은 2014년 7월이었다니 너무 늦은 게 아닐까요?

정 변호사 엄청 빠른 겁니다.

독자 뭐라고요? 이 기간이 빠른 것이라고요?

정 변호사 워낙 여러 가지 사건으로 소송 중이었고, 결국 베를루스코니 전 총리는 2015년 증거 불충분으로 대법원에서 무죄 판결을 최종 확정받았습니다. 베를루스코니 전 총리의 사건은 처음부터 검찰이 요청한 조기 재판을 법원이 수용해서 그나마 빨리 진행되었다고 해요. 이탈리아 형사소송의 특징 중 하나인 조기재판(주디치오 임메디아토)은 용의자의 범행 사실이 분명해 보이는 사건에 대해 사전에 청문 절차를 생략한 채 곧바로 본 재판을 시작하는 것을 말하죠. 외국에 비하면 우리나라는 공판기일이 전 세계적으로도 엄청나게 빠른 편이에요. 외국에서는 보통 5년, 10년은 기본이에요.

독자 우리나라가 그 정도 수준인지는 몰랐네요.

정 변호사 어쨌든 이탈리아는 우리나라보다 성매매 측면에서는 완화된 국가죠. 가톨릭 국가라서 금지된 것처럼 보이지만 이탈리아 성매매 여성들은 세금을 낼 테니 차라리 권리를 인정해달라고 할 정도로 상황이 우리와 달리 관대한 국가라 할 수 있습니다. 전 총리의 무죄는 우리 시선에서는 이상하지만, 그 나라의 사회적 분위기가 많이 작용한 탓이 아닐까 생각해요.

청소년 성매매는 극단적으로 응징해야

독자 성매매방지특별법의 좋은 점과 맹점이 있다면 소개해 주세요.

정 변호사 성매매방지특별법이 만들어진 게 2004년입니다. 얼마나 많은 사람이 이 법을 만들기 위해 애를 썼는지 돌아봐야 합니다. 빤한 얘기이지만 성매매 여성들에 대한 직업 훈련 프로그램 마련 같은 종합적인 대책이 없이 무작정 단속만 하면 '풍선효과'를 초래할 수밖에 없어요. 우리의 기억 속에서 멀어졌지만, 당시 단속이 강화되면서 반대로 성폭행이 많아지고, 게다가 성매매 여성이 줄어들거나 성매매 업소가 사라지기는커녕 다른 형태로 변형되면서 영업이 계속됐습니다. 결국 윤락촌은 사라졌으나 다른 형태로 남아 있게 된 겁니다.

독자 말 그대로 풍선효과네요.

정 변호사 그렇죠. 여길 막으니 다른 곳에서 비슷한 성매매가 유지되고 있었던 겁니다. 일반 주택가로 숨어들거나 단속을 피하려고 유사성행위를 하는 업소가 생겨났습니다. 더군다나 SNS를 통해 음성적으로 모집을 하여 오피스텔이나 우리의 이웃집에서 성매매는 진행되고 있는 실정이지요. 그래서 당국은 다시 유사성행위도 단속하기 위해 규정을 만들어 보완하게 됩니다. 그런 면에서 보자면 무조건 강하게 단속하는 방법이 반드시 좋은 것만은 아니지 않을까 하는 생각도 듭니다. 그래서 선진국들에서 일부 인정하는 것을 살펴볼 필요가 있고요.

독자   저는 오히려 단속이나 법으로 해결할 게 아니라 여성단체나 관리 프로그램을 강화하는 것이 바람직한 것 같아요.

정 변호사   동의합니다. 그렇게 하는 게 가장 바람직한 방법이죠. 그런 면에서도 성매매방지특별법은 유지되고 강화될 필요도 있어요. 관리 프로그램도 함께 강화한다는 전제가 필요하죠. 이율배반이기는 하지만 성매매와 성폭력 범죄가 양립할 수밖에 없는 실정이죠. 성폭력 범죄가 계속해서 늘어나는 이유도 성매매를 금지하고 단속하는 데 그치기 때문은 아닐지 하는 의견이 있는 것도 사실이니까요.

독자   성매매는 남성이나 여성이나 어느 한쪽만의 문제가 아니라는 생각이 들어요. 역사학자들은 인간이 모여 살면서부터 성매매가 시작됐다고도 하고, 그 역사는 기원전 5,000년쯤으로 설명하기도 하잖아요.

정 변호사   제 생각에도 성매매 문제는 남녀만의 문제가 아니라 여성들이 일방적으로 매도당하는 측면이 크죠. 지나치게 강력한 단속이 오히려 부작용을 초래할 수 있다는 시각도 대게는 남성적 시각이라고 봐야 합니다. 오래전 통계를 보니 성매매 관련한 법을 유지해야 한다는 의견이 남성의 경우 49%, 여성의 경우 72%로 조사됐습니다. 성매매에 대한 부정적 인식을 반영하는 것이겠죠. 문제는 '성매매는 불법이 아니다'라는 개념으로 접근하는 것은 잘못된 것입니다. 남성들의 욕망이 여성들의 두려움을 심각하게 위협하고 있다는 것을 단적으로 보여주는 통계입니다. 가장 심각하게 고려할 부분은 미성년자에 대한 성매매라고 보는데 이 점은 법 개정을 통해서 극단적으로라도 응징해야 한다고 생각합니다. 동물과 다르게 성적 욕망을 절제할 줄 아는 것이 인간입니다. 욕망은 끝이 없죠. 욕망은 달리는 경주마라고 생각해요.

독자   좋은 말씀이세요. 특별법에 대한 중요성도 새삼 느껴요.

정 변호사   제가 바라는 점이 그것이에요. 우리가 잘못된 일을 하면 어느 정도의 처벌을 받는다는 것쯤을 기억할 때 우리는 절제도 가능해지고 민주시민으로 거듭난다는 것입니다. 청년이 담을 넘어 주거를 침입했을 때는 형법 319조에 해당하고, 3년 이하의 징역 또는 500만 원 이하의 벌금형입니다. 1회 100만 원(연간 300만 원)을 초과하는 금품을 수수하면 3년 이하의 징역 또는 3,000만 원 이하의 벌금에 처한다는 것을 외워야 해요. 그래야 경각심이 생겨 실수를 안 하죠.

독자   재미있는 설명이네요. 잘 알겠습니다. 감사합니다.

성매매방지특별법 핵심 요약

① **정식명칭** 성매매 알선 등 행위의 처벌에 관한 특별법과 성매매 방지 및 피해자 보호 등에 관한 법률.

② **연혁** 2004년 3월 22일에 성매매를 방지하고, 성매매 피해자 및 성을 파는 행위를 한 사람의 보호와 자립을 지원하는 것을 목적으로 여성단체가 주도하여 제정된 법. 2004년 9월 23일부터 본격 시행.

③ **처벌 규정** 성매매 알선자와 모집자는 3년 이하의 징역 또는 3,000만 원 이하의 벌금, 성매매의 대가를 지급받은 사람은 7년 이하의 징역 또는 7,000만 원 이하의 벌금. 성매매를 강요한 업주는 '10년 이하의 징역 또는 1억 원 이하의 벌금'의 중형. 성매매 방지 및 피해자 보호 등에 관한 법률에 따른 신고를 하지 않고 지원시설을 설치·운영한 자와, 신고하지 않고 상담소를 설치·운영한 자는 1년 이하의 징역 또는 1,000만 원 이하의 벌금.

④ **적용 범위** 남녀 모두.

⑤ **성매매방지특별법 공소시효** 5년

3장
성폭력처벌법

반성이 아니라 각성이 필요하다

───── 2017년 10월, 할리우드 유명 영화제작자인 하비 와인스틴의 성

추문을 폭로하고 문제를 제기하기 위해 하나의 운동이 일어난다.

소셜 미디어에 해시태그(#MeToo)를 다는 행동에서 출발했다. 미

투운동(Me Too movement)이다. 성폭행이나 성희롱으로 발생하

는 것을 청산하기 위한 이 해시태그 운동은 여성성의 중요성과 그

의미가 극대화되고 있다. 성폭력(sexual assault)은 어떤 형태로든

피해자가 원하지 않은 성적 접촉이 강제로 행해진 경우를 의미한

다. 성희롱, 성추행, 성폭행 등을 모두 포괄한다.

성폭력처벌법은 크게 2가지로 분할되어 시행되고 있다. 여성

가족부 관할의 '성폭력 방지 및 피해자 보호 등에 관한 법률'과 법

무부 관할의 '성폭력범죄의 처벌 등에 관한 특례법'이 그것이다.

미투운동을 비롯하여 성폭력과 관련된 사례는 국내외적으로 차고

넘친다. 결론적으로 내 생각을 요약하면 성폭력과 관련된 사고방

식은 남성들의 반성보다는 각성이 필요하다는 사실이다.

피해자, 신속한 고소가 급선무

독자 2018년 1월부터 한국에서도 미투운동이 거세게 불었습니다. 기억하시죠?

정 변호사 물론입니다.

독자 당시 현직에 있었던 서지현 전 검사가 큰 역할을 했습니다.

정 변호사 2018년 1월 29일이었을 겁니다. 서지현 전 검사가 JTBC 뉴스룸에 출연하여 검찰 내의 성폭력 실상을 과감하게 고발하면서 미투운동을 촉발했죠.

독자 그 얘기에 앞서서 성폭력처벌법의 정식명칭과 입법과 개정된 과정을 먼저 소개해 주셨으면 해요.

정 변호사 정식명칭은 '성폭력범죄의 처벌 등에 관한 특례법'인데 약칭으로 성폭력처벌법으로 불러요. 성폭력처벌법은 이전의 성폭력범죄의 처벌 및 피해자보호 등에 관한 법률을 폐지하고, 2011년 1월부터 여성가족부 관할의 성폭력방지 및 피해자 보호 등에 관한 법률과 법무부 관할의 성폭력범죄의 처벌 등에 관한 특례법으로 분할하여, 시행하고 있어요. 2020년 2월 4일에 일부개정을 하여 공표했고요. 사실 성폭력처벌법이 없어도 형법상 강간이나 그와 유사한 범법행위를 처벌할 수 있는 규정이 있습니다. 그런데 이것으로는 부족하다 싶고, 이를 더 강화해야 한 다는 사회적 분위기가 일어나서 다시 성폭력처벌법을 만 든 것이죠. 성폭력범죄의 처벌 및 피해자보호 등에 관한 법률은 1994년 1월 제정되었습니다. 부산성폭력상담소 등 12개 단체가 1991년 8월에 성폭력 방지 특별법 제정추 진 특별위원회를 결성한 것이 계기가 되었습니다. 법안 은 1993년 12월 17일 국회에서 통과되고 1994년 4월 1일 부터 시행되었어요. 성폭력처벌법에는 기존에 존재했던 특정범죄가중처벌법에서 특수강도강간 등의 죄와 특수 강간 등의 죄에 관한 조항이 편입되면서, 이로써 특수강 도강간, 특수강간, 강간치사상, 강간살인, 장애인에 대 한 준강간, 업무상 위력 등에 의한 추행이 성폭력 범죄 로서 처벌받게 되었죠. 1997년의 개정안에 의해 13세 미 만 미성년자에 대한 성폭력은 비친고죄로 규정되었고, 1998년 개정안을 통해 몰래카메라에 대한 처벌 규정을 두고, 성적 욕망 또는 수치심을 유발할 수 있는 타인의 신체를 그 의사에 반하여 촬영한 자는 5년 이하의 징역 또는 1천만 원 이하의 벌금에 처하게 되었죠.

독자 성폭력, 성희롱, 성추행 등은 개념이 헷갈릴 수도 있을

듯해요. 이들을 구분해서 설명해 주시면 좋을 것 같아요.

정 변호사 본래 '성폭력'은 폭행이나 협박 등이 있어야 성립됩니다. 여기서 말하는 폭행이나 협박은 상당히 강한 의미를 갖고 있습니다. 상대방을 억압할 정도의 수준을 말합니다. 쉽게 말해서 강간 정도의 행위를 뜻합니다. 성폭력 수준이 아닌 상황에서의 행위를 '성추행', '성희롱'이라고 할 수 있습니다. 다시 말해 강압적이지는 않더라도 상대방에게 성적 수치심을 느끼게 할 때 '성추행'의 범주에 듭니다. 당연히 추행은 처벌받습니다. '성희롱'은 법률용어라기보다는 사회적인 용어라고 보면 됩니다. 그러므로 처벌을 받기 위해서는 강제추행 정도의 상황이 있어야 하는 겁니다.

독자 성적 수치심을 줄 수 있는 행위가 있어야 '성추행'이라서 처벌이 가능하고, '성희롱'은 주로 말로 이루어져서 처벌이 어렵다는 말로 들려요.

정 변호사 그렇지도 않아요. 성범죄 사건의 경우 대부분 피해자 위주의 조사가 진행될 수밖에 없어서 형사 전문 변호인이 동석하여 함께 조사받으시는 것이 유리합니다. 성희롱은 형사처벌에까지는 이르지 않는다고 하더라도 회사나 학교 등의 조직에서 징계사유에 해당할 여지가 있습니다.

독자　　성범죄를 당했을 때 대처법을 알려주세요.

정 변호사　성폭행을 당하셨다면 증거나 여러 가지 정황 등이 없어지기 전에 신속하게 경찰서에 고소하셔야 합니다. 공소 시효만 믿고 나중에 신고한다는 것은 의미가 없어요. 성폭행을 당했을 경우에 장소나 교통수단, CCTV 영상의 보관 기간 등의 변화가 예상되기 때문이에요.

독자　　처벌 규정을 알려주세요.

정 변호사　복합적으로 검토를 해야 하지만 주거침입을 범한 사람이 강간, 유사 강간, 강제추행을 범한 때에는 무기 또는 5년 이상 징역에 처합니다. 특수강도를 범한 사람이 강간, 유사 강간, 강제추행을 범한 때에는 사형, 무기 또는 10년 이상 징역입니다. 성추행에는 행위에는 폭행이나 협박이 동반되었느냐 아니냐에 따라 기습추행과 강제추행으로 나누는데, 예를 들어 지하철을 타고 가다가 고의로 여성의 엉덩이와 접촉이 생겨 분쟁이 생겼다면 성폭력 범죄의 처벌 등에 관한 특례법 제11조(공중 밀집 장소에서의 추행) 대중교통수단, 공연·집회 장소, 그 밖에 공중(公衆)이 밀집하는 장소에서 사람을 추행한 사람은 1년 이하의 징역 또는 300만 원 이하의 벌금에 처한다는 규정이 있습니다. 그런데 술에 취해 길거리를 지나가다가 지나가던 여성의 엉덩이를 고의로 터치했을 경우 형법을 적용하면 제298조(강제추행) 폭행 또는 협박으로 사람에 대하여 추행을 한 자는 10년 이하의 징역 또는 1,500만 원 이하의 벌금에 처한다는 규정이 있어요. 강제추행 사건의 경우 상대방이 성적 수치심 등을 느꼈다면 이로 인해 강제추행 혐의가 인정될 수 있고, 이는 초범이라 할지라도 성추행 처벌 수위가 무겁게 내려질 수 있습니다.

비친고죄 규정, 공소시효 늘어

독자   앞서서 설명하실 때 성폭력처벌법은 비친고죄로 규정되었다고 하셨죠?

정 변호사   맞습니다. 예전에는 성폭력 범죄가 피해자가 처벌을 원하지 않으면 처벌하지 않았습니다. 그걸 '친고죄'라고 부릅니다. 실컷 조사해도 피해자가 합의하면 공소권 없음으로 돼버렸던 것이죠. 그러던 것이 사회적 인식이 바뀌면서 친고죄가 말이 안 된다는 의견이 다수를 차지하게 되죠. 강간이나 강제추행 같은 강제적인 행위에 대해서는 합의와 상관없이 처벌할 필요성이 있다는 의견이 설득력을 얻은 겁니다. 그것이 바로 '비친고죄'로 고소가 없더라도 처벌이 가능하도록 한 것이죠. 여기에 더해 미성년자를 상대로 한 범죄행위 경우에는 처벌을 강화했습니다. 물론 미성년자 상대 범죄는 고소·고발 없이 바로 처벌이 가능합니다. 이와 관련해서 문제가 되는 게, 미성년자의 경우 가까운 가족에게 성폭행당하는 사례가 많습니다. 그런 경우 상당히 엄한 처벌을 받습니다. 이런 식으로 성폭력처벌법이 강화되어 왔습니다.

독자 공소시효도 알고 싶습니다.

정 변호사 일반적으로 특수강도강간, 강간 등 살인 치사는 25년이고, 특수강간, 장애인에 대한 강간이나 강제추행, 강간 등 상해치상은 15년인데, 성추행은 10년 등입니다. 성추행의 경우 2007년 12월 이후 관련 법 개정으로 공소시효가 10년으로 늘었지만, 그 이전에 발생한 사건의 공소시효는 7년이었습니다.

독자 그런 변화가 있었군요. 그러니까 결국 법은 죽어 있는 것이 아니라 생물처럼 살아있다는 얘기군요.

정 변호사 그렇죠. 계속해서 개정에 개정을 거듭하며 발전하고 있는 겁니다. 그런 것들을 일반법에 넣기 어려워 특별법에 추가해 개정하는 거죠. 왜냐하면 일반법은 쉽게 고칠 수 없는 탓입니다. 그래서 사회가 발전하면 발전할수록 특별법에 의존하게 되는 겁니다. 일반법은 사회의 변화를 좇아가지 못한다는 한계가 있습니다. 일반법은 사회 변화에 맞춰 그때그때 변화를 줄 수 없기 때문에 30~40년 지난 후에 한꺼번에 개정합니다. 그에 반해 특별법은 매년 개정된다고 보면 됩니다.

독자 사회의 변화를 빠르게 반영한다는 것이 우리가 특별법을 주목해서 볼 이유가 되겠군요.

정 변호사 맞습니다. 지금 우리에게 어떤 특별법이 있는지 살펴보는 것이 중요한 포인트라고 말할 수 있습니다. 특별법에 관심을 가져야 합니다. 예를 들어 성폭력 범죄 같은 경우도 수시로 개정되기 때문에 항상 관심을 두고 살펴봐야 하는 거죠. 조금 전 언급한 '친고죄'만 보더라도 당시 피해자가 처벌을 원하지 않으면 처벌하지 않는다는 것이 사회적으로 용인되던 시기였던 거죠. 성폭행을 당해도 피해자가 성폭행으로 법정에 서는 걸 처벌보다 더 중요하게 여겼던 겁니다. 그러다 인식이 변하면서 상황이 달라진 거죠. 그리고 예전에 없던 새로운 범죄, 예를 들어 몰래카메라 같은 경우가 대표적입니다. 남의 성관계 장면을 몰래 촬영해 협박용으로 활용하는 사례가 늘어나면서 처벌할 필요성이 대두되었던 거죠. 그래서 특별법으로 처벌할 수 있도록 한 것입니다. 이렇듯 개정된 특별법에 주목해야 하는 겁니다.

독자   이제 특별법이 왜 중요한 법인지, 그걸 왜 살펴봐야 하는지 조금씩 정리가 되는 것 같습니다.

정 변호사   그렇습니다. 특별법을 보면 사회의 상황이 반드시 있고, 그것을 어떻게 반영했는지를 알 수 있어 독자들에게 도움이 될 겁니다. 특별법이 왜 만들어졌고, 왜 개정해 나갔는지 등을 통해 사회발전상을 알 수 있습니다. 그리고 그것이 특별법을 보는 재미라고 할 수 있죠. 아까 말씀하신 것처럼 원래 법은 생물처럼 움직이는데, 그것을 가장 극단적으로 보여주는 것이 특별법인 거죠. 그것은 결국 일반법은 개정 주기가 긴 탓에 사회 변화를 따라가기 어렵다는 것을 의미하기도 합니다.

독자   결국 천천히 걷는 일이 있다면 빠르게 걸어야 하는 일이 있는 것과 마찬가지군요.

정 변호사   아주 좋은 표현입니다. 특별법이 바로 빠르게 걷는, 어떤 면에서는 달려가는 법이라고 말할 수 있습니다.

독자   그런 면에서 시대의 변화를 읽으려면 특별법을 살펴봐야 한다는 말씀이네요.

정 변호사 정확한 얘깁니다.

서지현 전 검사의 폭로가 국내 미투운동 기폭제

독자 아참, 우리가 처음에 미투운동을 얘기하다가 말았군요. 최근 우리 사회의 가장 큰 이슈라고 한다면 2017년 미국에서 시작된 '미투운동'에 이어 수많은 사건이 국내에서도 폭풍처럼 몰아쳤습니다. 서지현 전 검사가 JTBC 뉴스룸에 출연해 용기 있는 폭로를 한 것이 기폭제가 되었다고 할 수 있습니다.

정 변호사 그 기세가 대단했죠. 기본적으로 미투운동은 강간과 같은 흉악범죄는 아닙니다. 그런데 중요한 것은 과거에는 특히, 남성의 경우 이성에 대한 스킨십을 대수롭지 않게 여기고 술자리 등에서 스스럼없이 특정 부위를 만진다든가 하는 행위를 가볍게 생각했다는 거죠. 하지만 사회가 변하면서 여성이 느끼는 수치심, 여성의 인권을 제대로 바라보게 된 겁니다. 예전에는 아무렇지 않게 여겼던 행동이 여성에게 혐오감을 줬다는 것을 알게 되었죠. 하지만 그것이 형사처벌을 받을 수 있는 내용이냐는 별개의

문제입니다. 왜냐하면 처벌이라는 것은 엄격하게 적용해
야 하고, 법률의 요건에 맞아야 하기 때문입니다. 그렇지
않다면 도덕적으로 비난을 받을 수는 있지만 법적 처벌
과는 별개의 문제라는 것이죠. 공소시효의 문제도 있습
니다.

독자 일반인도 아니고 법을 집행하는 현직 여성 검사에게 성
추행이 가해졌다는 것은 충격이 아닐 수 없었습니다. 현
재 재판은 어떻게 진행되었죠?

정 변호사 결론부터 말씀을 드리면 결과는 무죄였습니다. 당사자는
안태근 전 검사장이었는데요. 서 검사의 주장에 따르면
안 전 검사장에게 성추행을 당했을 뿐만 아니라 인사 보
복을 당했다는 점에서 사회의 공분을 샀습니다. 2015년
8월 검찰 인사 실무를 총괄하는 법무부 검찰국장이던 안
태근 전 검사장은 과거 자신이 성추행한 서지현 검사가
수원지검 여주지청에서 창원지검 통영지청으로 발령되
는 과정에서 부당하게 개입한 혐의로 기소됐습니다. 문
제는 1심과 2심인 항소심에서도 2년의 실형을 선고받았
었는데, 대법원에서 뒤집어졌습니다. 2020년 1월 9일 대
법원 2부(주심 노정희 대법관)는 직권남용권리행사방해 혐
의로 기소된 안 전 검사장의 상고심에서 징역 2년을 선

고한 원심을 깨고 사건을 서울중앙지법으로 돌려보냈습니다. 대법원은 공소사실 부분이 직권남용권리행사방해죄에서 말하는 '의무 없는 일을 하게 한 때'에 해당한다고 보기 어렵다고 판단했습니다.

독자　무죄라고요?

정 변호사　네. 대통령의 감찰 지시로 면직 처분됐던 안태근 전 법무부 검찰국장은 2020년 2월 13일 법무부를 상대로 제기한 면직취소 소송에서 승소하여 2월 17일 검찰로 복직했었죠.

독자　현직으로 복직한 겁니까?

정 변호사　아닙니다. 복직한 지 3일 만에 사표를 냈습니다. 현직 여성 검사와 검찰국장의 소송이라는 측면에서는 정말 부끄러운 일이 아닐 수 없어요. 성폭력이라는 광의의 개념에서 볼 때 주목할 사건이었습니다. 그래서 미투운동이나 성추행이 처벌받는 분위기가 된다면 그만큼 여성들의 사회활동에 긍정적인 영향을 미칠 것입니다. 이 역시 특별법처럼 사회의 변화를 반영한다고 할 수 있습니다.

독자　이외에도 '위력에 의한 성폭력' 피해의 고발이 대한민국을 강타했습니다. 당장 기억이 나는 것만 해도, 문단 내 성폭력으로는 고은 시인, 극작가 이윤택, 영화감독으로는 김기덕, 배우로는 조민기와 조재현, 정계인사로는 전 충남도지사 안희정 등이었죠. 법률가로서 어떻게 지켜보셨는지 궁금합니다.

정 변호사 참담한 일이었습니다. 사회와 문화 전반에 걸쳐 성폭력이 만연해 있다는 것을 알게 되는 계기가 되었으니까요.

독자 문단 내 성폭력 논란과 관련하여 고은 시인의 경우에는 최영미 시인이 계간 〈황해문화〉 2017년 겨울호에 게재한 시 「괴물」이 논란의 시작이었죠?

정 변호사 그렇습니다. 서지현 검사의 폭로가 2016년에 불기 시작했던 '문단 내 성폭력'의 고발로 이어지면서 미투운동이 확산하는 계기가 됐습니다. 최영미 시인이 시를 통해 문제를 제기했었고, 방송에 출연해서 폭로한 셈이었죠. 2019년 2월 15일, 고은 시인은 성추행 의혹을 제기한 최영미 시인과 언론사를 상대로 10억 원대의 손해배상 소송을 제기했으나 패소했습니다. 고 시인이 종로 탑골공원 근처 술집에서 성추행했다는 최 시인의 의혹 제기가 허위이냐 아니냐가 재판의 쟁점이었죠. 2심 재판부는 1심 재판부와 마찬가지로 최 시인이 제기한 성추행 의혹이 허위가 아니라고 판단했습니다. 고 시인은 2심 패소후 대법원 상고를 포기했습니다.

독자　　　앞서 안태근 전 법무부 검찰국장의 경우와는 다른 결과였어요.

정 변호사　그랬죠. 서지현 전 검사나 최영미 시인의 경우와는 다르게 극작가인 이윤택 감독은 심각한 수준이었습니다. 연기지도라는 핑계로 행해진 행위가 피해자들의 진술로 이어지면서 사회적으로 커다란 반향을 일으킨 사건이었어요. 결국 구속 수감된 상태입니다. 이런 비슷한 사건은 대학교수들에 의해서 많이 벌어집니다.

독자　　　결과는 어떻게 나왔나요?

정 변호사　이윤택 전 연희단거리패 예술감독은 극단 단원들에게 상습적으로 성폭력을 가한 혐의로 재판에 넘겨졌죠. 2019년 4월 2심에서 징역 7년의 실형을 선고받았습니다. 이 감독은 2018년 9월 1심에서 징역 6년과 성폭력 프로그램 이수 80시간, 10년 동안 관련 기관 취업 제한을 선고받았는데, 2심에서는 '업무상 위력에 의한 추행' 혐의가 인정되며 형량이 1년 늘었습니다.

독자　　　혐의 내용은 구체적으로 뭐였죠?

정 변호사　이 감독은 제자들인 여성 연극인 10명에게 25차례에 걸쳐 안마를 시키면서 성기를 주무르게 하거나, 연기지도라며 가슴 등을 만진 혐의로 기소됐습니다.

독자   여성들이 가장 흔하게 성추행당하는 것들 중에 하나가 가슴을 만지는 행위겠죠.

정 변호사 그런 셈이죠. 그런데 기습 키스나 엉덩이를 더듬는 행위도 흔한 성추행이죠.

독자   작가이기도 한 하일지 교수의 경우 수업 시간에 발언한 성희롱적 발언이 문제가 있었던 모양인데 법적으로 성희롱이 되나요?

정 변호사 강제추행이 성립돼야 합니다. 성희롱이라는 말은 법률상으로는 없고, 법적인 용어로는 강제추행입니다. 단순한 성추행이 아니라 강제추행이 되어야만 처벌을 받는 겁니다. 여기에는 요건이 있습니다. 물론 직장 내 성희롱 사건이 벌어지면 형사처벌은 받지 않더라도 자체 징계를 받는 경우는 많습니다. 성희롱의 대표적인 예가 말을 통해 성적 수치심을 느끼게 만드는 거죠.

독자   하 교수는 학생에게 뽀뽀를 했다고 들었어요.

정 변호사 그 정도라면 형사처벌이 가능한 수준입니다. 분명한 강제추행인 거죠. 물론 강제추행 자체는 처벌이 강하지는 않습니다. 강간과 같이 상대방을 억압할 정도는 아니지만 강제성이 있고, 상대방이 성적 수치심을 느꼈다면 처벌이 가능합니다. 입맞춤이 아니라 특정 부위를 만졌다거나 하는 경우 문제가 되는 경우는 위계나 위력을 이용하였느냐 하는 겁니다.

독자 그렇다면 하 교수의 경우 처벌 수위는 어떻게 되나요?

정 변호사 2021년 5월경 1심 재판부는 하 전 교수에게 징역 1년에 집행유예 2년을 선고하고 40시간의 성폭력 치료 강의 수강과 아동·청소년 관련 기관 및 장애인 복지시설 3년간 취업 제한을 명령했었죠. 현재도 법적으로 다툼 중이라서 속단하긴 어렵지만 앞에서 얘기한 바와 같이 폭행 또는 협박으로 사람에 대하여 추행을 한 사람은 10년 이하의 징역 또는 1,500만 원 이하의 벌금에 처하는 것이 원칙입니다.

독자 이윤택 전 감독의 경우는 미투운동이 아니었다면 드러나지 않을 것으로 보여요. 그렇다면 과거에 강제추행 등 피해를 당한 여성의 경우라면 어떤 준비를 해야 하나요?

정 변호사 대개 성폭력은 은밀하게 이뤄지기 때문에 사실상 밝히기 어려운 경우가 많습니다. 문제가 드러난 경우라면 제 삼자가 있거나 증인을 서 줄 사람이 있거나 목격자가 있어서 가능한 겁니다. 반대로 남성 입장에서 그런 일이 없다고 강력하게 부정하면 거의 밝히기 어렵죠. 가해자와 피해자만 있는 경우라면 따지기 정말 어렵습니다. 그런

적이 없다고 잡아떼면 어려운 겁니다. 검사로서도 의심은 가지만 입증할 방법이 없는 거죠. 그럴 때 보통 주변 상황이라든가 하는 요인들을 따져서 하죠. 대부분 남자는 그런 상황에 벌어지면 '여자가 좋아하는 줄 알았다'라고 말하는 경우가 많습니다. 때문에 여자 입장에서는 싫다는 의사표시를 분명히 하는 게 중요합니다. 그런데 싫다는 의사표시를 했는데도 계속했다면 문제가 커지는 거죠.

사회 전방위로 번진 미투운동

독자   그 당시에 김기덕 영화감독, 배우로는 조민기와 조재현 씨 등이 성폭행 및 성추행 혐의를 받았습니다.

정 변호사   2018년 2월을 기준으로 미투운동과 관련하여 사건이 연일 터졌습니다. 문제는 그때로부터 대부분 고소나 고발이 이어졌고, 법적 다툼이 현재에도 지속되고 있다는 것이죠. 배우 조민기 씨의 경우 자살을 하고 말았고, 배우 조재현 씨는 소유하고 있던 건물을 팔거나 모든 사업을 접고 지방에서 혼자 칩거하고 있다는 기사를 보았어요.

재판의 진행 속도에 따라 살펴볼 것이 많아 구체적인 내용을 살펴보기가 쉽지 않네요.

독자   아, 그렇군요. 사건 자체가 많았고, 현재진행형이 많다는 얘기로군요.

정 변호사   맞습니다. 정계인사로 안희정과 이재명 지사 등이 그나마 진척이 있었죠.

독자   안희정 전 충남도지사 사건의 재판은 반전이 있었죠? 핵심은 뭔가요?

정 변호사   엄밀히 보면 1심은 안희정 전 지사의 경우에는 위계나 위력을 이용해서 간음했다는 겁니다. 간음이라는 건 폭행이나 협박이 없는 경우입니다. 겉으로 보면 평범하게 한 것 같아요. 그런데 그것이 위계 등 속임수가 있었거나, 위력 등 어떤 직위를 이용한 것이냐, 라고 하는 것을 판단해야 하죠. 지금 피해자는 '직위를 이용한 것이다'라는 주장이고, 안 지사는 '무슨 소리냐, 직위를 이용한 것은 아니지 않느냐'고 주장하고 있는 것이죠. 그런데 입증의 책임은 검사에게 있습니다. 과연 어떤 행위가 위계, 위력에 의한 것이냐고 물었을 때 피해자가 말을 못 하는 것입니다. 단순히 '그분이 지사였기 때문에 당했다'라는 주장이 법적으로 봤을 때는 설득력이 없는 거죠. 그래서 1심에서는 무죄가 나오지 않았을까 합니다. 여론을 봐서 처벌을 하고 싶지만, 법조인으로서는 증거를 제시하지 못하기 때문에 할 수 없는 겁니다. 저는 안 지사 사건이 고소됐다고 했을 때 처음에는 무죄가 나올 거라 예상했습니다. 변호사 입장에서는 그런 사건은 무죄가 나오기 때문에 선임하는 게 좋기는 하죠. 비슷한 사건을 맡은 적이 있었는데 무죄를 받았습니다. 그리고 반면에 직장 상사와 부하직원 사이에 벌어진 사건일 경우 위력에 의한 것이라 주장할지라도 미투운동 분위기에 편승해서 오히려 상사가 피해를 당하는 게 아닌가 하는 생각도 해봅니다. 왜냐하면 고소당하면 주변의 이목 때문에 합의하고 마무리 지으려는 경우가 많기 때문입니다. 그런 상담도 많이 있는 게 현실입니다.

독자 그런데 1심과 2심의 결과가 달랐습니다.

정 변호사 대통령 후보로까지 주목받던 정치인이었던 터라 안희정 전 지사의 2심 판결은 주목받기에 충분했죠. 1심 재판부는 '피해자다움'을 이유로 김지은 씨의 진술 신빙성을 인정하지 않았고, 안 전 지사에 무죄를 선고했었죠. 그런데 2019년 9월 대법원은 안희정 전 충남지사가 충남지사라는 자신의 지위를 이용하여 수행비서 김지은 씨를 성폭행했다고 보고 징역 3년 6개월 형을 확정했습니다. 2심에서는 "성인지 감수성을 잃지 않도록 유의해야 한다."라는 취지였고, 김지은 씨의 진술을 인정한 것이었습니다. 김 씨가 언론에 피해의 사실을 폭로한 뒤 1년 6개월 만에 나온 법원의 최종 결론이었습니다. 위력을 이용한 '권력형 성폭력'이었다는 결론이고, 범죄로 인정됐습니다.

독자 피해자와 가해자 간에 문자를 주고받은 내용이 소개된 것 같아요. 핸드폰 문자나 카카오톡 메시지의 등의 유무나 내용이 매우 중요하겠어요.

정 변호사 그런 것들이 중요한 증거가 됩니다. 사실 매우 치명적인 자료이고, 그런 걸로 판단합니다. 문자나 카톡에서 억압이 느껴지거나, 예를 들어 '네가 자리를 피한다면 너한테 어떤 불이익이 갈지도 모른다' 등과 같은 표현이 있다면 위력을 보이는 거죠. 결정적인 증거가 되는 겁니다. 반면에 여성이 좋아하다가 잘 안됐을 때 상사에게 성폭행당했다고 고소를 하는 사건도 많이 있습니다.

독자 그러면 피해자나 가해자 입장에서는 어떤 식으로든 증거를 남겨라, 어떤 식으로든 증거를 없애라는 것이 되겠군요. 그 과정에서는 가능하면 문서화하는 게 증거를 남기는 방법이고, 가능하면 있던 것을 어떤 식으로든 지워버리는 게 증거를 없애는 것이군요.

정 변호사 하지만 가해자로서는 상대가 있기 때문에 증거를 없애는 건 쉽지 않죠. 가해자는 아예 어떤 증거도 남기지 않으려고 하겠죠. 그런 걸로 수사를 하는 겁니다. 비슷한 사건은 많이 있습니다. 과거에 요즘 미투 사건과 비슷한 케이스가 있었습니다. 직장의 사장과 여성 직원 사이의 사건이었는데, 결국 저희의 독자이었던 사장 쪽의 무죄가 나왔습니다.

독자 여성과 남성의 갈등 문제로 대권 주자였던 안희정과 이재명 지사는 성격이 많이 다르면서도 정무적 판단이라는 측면에서 사건에 대응하는 태도가 사뭇 달랐던 것 같아요. 예를 들어 안희정 전 지사는 철학과 출신이고, 이재명 지사는 법학과 출신이라는 점에서 대응 방식이 어떨까 궁금했습니다. 안희정 전 지사와 이재명 지사는 사건의 성격이 매우 다르죠?

정 변호사 완전히 다릅니다. 배우 김부선 씨와 소설가 공지영 씨가 전화로 주고받은 대화의 음원이 유출되어 논란이 된 사건을 말씀하시는 것 같은데, 이재명 지사가 논란이 된 사건은 거의 증거가 없다고 봐야 합니다. 아무것도 없이 말만 있는 겁니다.

독자 　두 사람 다 대권 주자였는데, 대하는 자세가 다른 것 같
　　　　습니다. 한 사람은 인정하고 도지사를 바로 내려놓았지
　　　　만 다른 한 사람은 독자로서만 만났다고 선을 그었습
　　　　니다. 정무적 판단이 다른 것 같은데 어떤 차이가 있을
　　　　까요?

정 변호사 　검찰 입장에서는 법적으로 판단한 겁니다. 검사의 입장
　　　　에서는 공소를 유지할 수 있느냐, 없느냐의 측면에서 이
　　　　재명 지사 논란은 자신이 없으니 빼버린 것이고, 안 지사
　　　　는 여러 면에서 해볼 만하지 않으냐는 판단한 걸로 보입
　　　　니다.

독자 　치정에 얽힌 고소·고발 사건이 많겠죠?

정 변호사 　물론이죠. 예를 들어 애인이 있는 여성이 다른 남성과 성
　　　　관계를 가졌는데 애인에게 들통이 납니다. 그런데 여성
　　　　이 애인에게 자신은 그 남자에게 당했다고 거짓말을 하
　　　　고는 면피용으로 고소하는 경우가 있었죠. 그런데 결국
　　　　사실이 밝혀져 무혐의 처분을 받았습니다. 그런 사건이
　　　　생각보다 많습니다.

독자 　최근 남성이 반년 가까이 아내에게 알리지 못하고 소송
　　　　을 진행하다 법정 구속된 곰탕집 사건을 아실 텐데요. 남

성의 아내가 온라인으로 억울함을 호소해 수십만 명이 서명해 청와대 청원까지 간 사건 말입니다. 증거가 거의 없는 상태이다 보니 남성 입장에서는 억울할 수밖에 없는 데다가 판사가 여성이었습니다. 그건 어떻게 보시나요?

정 변호사 곰탕집에서 남성이 여성의 엉덩이를 움켜쥐었다며, 피해자가 경찰에 신고한 사건 말이군요. 성범죄의 경우 대개 은밀하게 이뤄지기 때문에 경찰이나 검찰은 피해자의 진술에 의존할 수밖에 없습니다. 또한 판사 입장에서는 의심스러우면 검사의 말을 듣는 게 관행입니다. 그래서 억울해도 어쩔 수 없는 경우가 많습니다. 그리고 은밀한 행위인 탓에 증거가 많지 않습니다. 그래서 피해 여성의 증거가 증거로 채택됩니다. 그것을 법원이 믿느냐 안 믿느냐는 둘째 문제인 겁니다. 결국, 그 증거가 틀릴 수 있다는 건 정황을 가지고 판단하게 됩니다. 게다가 증인이 나와서 거짓을 말해도 판사는 그것을 판단할 수 없습니다. 그래서 유죄로 판결하는 경우가 많습니다. 그렇게 보면 성범죄에 있어서 남성이 억울하게 당할 소지가 큰 것도 사실이죠. 그래서 오해가 없도록 남성이 각별히 주의해야 합니다.

독자 논란을 좀 요약해 주셨으면 좋겠어요.

정 변호사 강제추행 여부 등을 두고 사회적 논란이 컸습니다. 일명 '곰탕집 성추행' 사건이었죠. 결론부터 말씀을 드리면 대법원은 2019년 12월 12일 강제추행 혐의로 기소된 A 씨의 상고심에서 징역 6개월에 집행유예 2년을 선고한 원심을 확정했어요. A 씨는 2017년 11월 26일 한 곰탕집에서 모임을 마치고 일행을 배웅하다가 옆을 지나치던 여성의 엉덩이를 움켜잡은 혐의로 재판에 넘겨졌습니다. 1심은 피해자 진술이 일관되고 구체적인 점 등을 들어 검찰의 구형량인 벌금 300만 원을 선고했었죠. 그러나 2심에서는 1심보다 더 무거운 징역 6개월의 실형을 선고하며 A 씨를 법정구속했습니다.

독자 A 씨의 아내가 청와대 국민청원 게시판에 사연을 올려 33만 명 이상이 서명하면서 전국적인 이슈가 되기도 했어요.

정 변호사 맞습니다. CCTV도 공개되고 논란이 많았지만, 결정적인 증거는 아니었던 것 같아요. 대법원은 추행 정도와 가족들의 탄원을 고려해서 징역 6개월에 집행유예 2년을 선고했습니다.

독자 탄원이 판단에 영향을 끼친 점도 있다고 말씀하시니 범행이 명백한 사건도 있지 않나요? 예를 들어 여아를 성폭행한 조두순 사건 같은 경우 말입니다. 게다가 출소가 얼마 남지 않은 상황에서 다시 관심을 끌고 있습니다.

정 변호사 조두순 사건의 경우 출소 후 인적 사항이 고시돼서 어디에 살고 있는지 공개됩니다. 이웃들에게는 반가운 소식은 아닐 겁니다. 사건을 기억하는 사람들로서는 불안감을 감출 수 없는 거죠.

독자 청와대 청원 게시판에도 소개되었는데, 조두순의 출소 후 불안을 해소할 방법은 없는 건가요?

정 변호사 현실적으로 방법은 없습니다. 만기 출소한 사람을 법적으로 어떻게 할 방법은 없는 거죠. 조두순 사건은 2008년 12월에 8세 여아를 성폭행한 사건인데 2020년 12월 말이 출소 만기일입니다.

독자 군대에서 종종 벌어지는 사건이기도 하지만 남성이 성폭행당한 경우는 어떻습니까?

정 변호사 군대에서 가장 많이 발생하는 경우가 남성 성폭행 피해 사건인데, 실제 변론한 경험도 갖고 있습니다. 그런 사건을 예전 용어로 계간(鷄姦)이라고 합니다. 20여 년 전 제가 군에 있을 당시 일선 부대에서 사병들끼리 벌어진 사건이 있었습니다. 상급자가 하급자를 강간한 사실이 밝혀져 계간으로 처벌을 받게 했습니다. 그 사건의 경우 앞서 말씀드린 위계나 위력에 의한 사건 수준으로 처벌을 받아 1년 6개월 정도 실형을 산 사건입니다.

독자 특별법을 이야기하다가 성폭행 같은 중범죄까지 이어졌네요. 다시 돌아가서 특별법 강화는 우리 사회가 올바른 방향으로 발전할 수 있도록 하는 법이라 할 수 있겠습니다.

정 변호사 그렇죠. 특별법에 따른 판례와 사례들이 축적되면 결국 일반화돼서 일반 형법에 포함되는 겁니다.

독자 그렇다면 특별법이라고 하면 아무것도 아니거나 아무것도 아니라고 생각한 것들이 위법이 될 수 있음을 규정하는 것이 되겠네요.

정 변호사 그럴 수 있습니다. 그리고 그것들이 사회에 영향을 미치게 되죠. 사람들이 조심하게 되고, 그러면서 상식으로 자리를 잡게 되는 겁니다.

영화감독 폴란스키의 민낯

독자 외국의 사례를 아시는 게 있다면 소개해 주세요.

정 변호사   2020년 2월 28일 프랑스 파리의 살 플레옐 극장에서 제 45회 세자르영화제 시상식이 거행됩니다. 그런데 한 영화감독의 이름이 호명되었어요. 감독상에 그 감독이 선정되었던 것이죠. 그러자 여러 명의 여성 배우들이 시상식 도중에 자리에서 일어나 시상식장을 빠져나갔습니다. 항의의 표시였던 것이죠.

독자   호명된 그가 누구였죠?

정 변호사   폴란드계 프랑스인인 로만 폴란스키 감독이었습니다.

독자   세자르영화제라면 프랑스에서는 가장 권위 있는 상으로 오스카나 아카데미상일 텐데요.

정 변호사   그렇죠. 폴란스키 감독은 영화연출로 명성이 높기도 하지만 소아성애자로 악명 높은 인물입니다. 1977년 로스앤젤레스에서 열세 살 소녀를 강간한 혐의로 미국 검찰에서 유죄를 인정했었죠. 그런데 감형 협상이 받아들여지지 않을 것 같아 보이자 1978년에 미국에서 몰래 도망을 칩니다. 40년 넘게 도주 중이죠. 그 뒤에도 폴란스키 감독은 여러 가지 성폭행 혐의로 기소됐다고 해요.

독자   세상에. 영화만 잘 만들면 뭐 하나요. 사람이 영 아닌데요.

정 변호사   그러게요. 폴란스키 감독은 세계적으로 명장으로 알려졌지만, 불행한 사건을 겪었다고 해요. 한 주택을 구입하고, 명의가 완전히 이전되기 전에 가족이 입주해 살고 있었답니다. 폴란스키 감독은 해외에 출타 중이었는데, 그의 가족이 몰살당합니다. 원래 범인은 그 집에 살던 사람을 범죄의 대상으로 삼은 상태에서 새로 입주한 폴란스키 가족을 살해한 것이죠. 그런데 이런 사건을 겪은 폴란스키는 개인적인 불행 이후에 미국으로 건너가 미성년자와 성관계를 맺어 유죄판결을 받았습니다. 그리고 소송과정에서 프랑스로 도피를 한 것이고요. 세자르영화제에서 본인도 체포될까봐 참석도 안 했다지만 동료 영화인들이 항의 차원에서 시상직장을 빠져나가 버리는 치욕과 수모를 당한 것이죠. 그래서 최근에는 전 세계적인 미투 운동의 바람을 타고 폴란스키를 비판하는 상황입니다.

독자 당연하다고 생각해요.

정 변호사 영화 쪽에는 한 사람의 문제적 인물이 또 있어요. 미국 할리우드의 영화제작자 하비 와인스틴이 유죄 평결을 받으면서 여생을 감옥에서 보낼 처지가 되었습니다.

독자 하비 와인스틴이라면 소셜 미디어에 해시태그 운동을 촉발했던 인물이죠?

정 변호사 맞습니다. 와인스틴의 상습적인 성폭력과 성추행은 2017년 10월 〈뉴욕타임스〉 보도를 통해 처음으로 밝혀졌어요. 미국 미투운동의 시작점이라고 볼 수 있고, 그 사건으로부터 전 세계적으로 파급효과가 일어났죠. 현지 시각으로 2020년 2월 24일 뉴욕 맨해튼 연방지방법원에서 열린 재판에서 배심원들은 와인스틴에게 유죄 평결을 내렸습니다. 1급 성폭행과 3급 강간 혐의가 인정된 것인데 최고 29년형의 징역형을 받을 수 있습니다. 와인스틴은 30여 년 동안에 유명 여배우와 회사 여직원을 상대로 성범죄를 저질러 온 혐의로 기소됐었습니다. 피해를 주장한 여성만 80명이 넘었어요.

독자 정말 심각했군요.

정 변호사 그렇죠. 우리나라 「성폭력처벌법」을 살펴보면서 사건이 발생했을 때 주목해야 할 부분이 있는데요, 첫째는 '비친고죄'로 고소가 없더라도 처벌할 수 있도록 법규가 바뀌었다는 것입니다. 예전에는 신고가 없거나 피해자와 합의를 봤다면 기소할 수 없었으나 법 규정이 바뀌었다는 것을 염두에 둘 필요가 있죠. 둘째는 위계나 위력에 의한 행위가 성폭력을 판단하는 데 중요한 요소가 될 수 있으니, 사건이 발생했을 때는 반드시 증거를 남겨야 하고 망설이지 말고 신속하게 신고해달라는 것입니다.

독자 좋은 말씀 감사합니다. 마지막으로 당부의 말씀이 있다면요.

정 변호사 성폭력 범죄는 이제 발붙일 곳이 없습니다. 미투운동을 통해 여러 가지 문제가 제기되었고, 지금의 남성들이 가져야 할 자세는 반성이 아니라 각성이라고 생각합니다.

성폭력처벌법 핵심 요약

① **정식명칭** 성폭력범죄의 처벌 등에 관한 특례법.

② **연혁** 1991년 8월에 성폭력 방지 특별법 제정추진 특별위원회를 결성한 것이 계기. 법안은 1993년 12월 17일 국회에서 통과되고 1994년 4월 1일부터 시행. 2020년 2월 4일에 일부개정을 하여 공표.

③ **처벌 규정** 특수강도를 범한 사람이 강간, 유사 강간, 강제추행을 범한 때에는 사형, 무기 또는 10년 이상의 징역. 성추행에는 기습추행과 강제추행으로 나누는데, 대중교통수단, 공연·집회 장소, 그 밖에 밀집하는 장소에서 사람을 기습적으로 추행한 사람은 1년 이하의 징역 또는 300만 원 이하의 벌금. 폭행 또는 협박으로 사람에 대하여 강제추행을 한 자는 10년 이하의 징역 또는 1,500만 원 이하의 벌금.

④ **적용 범위** 친족에 의한 성폭행의 경우에는 '4촌 이내의 혈족과 2촌 이내의 인척'으로 범위를 확대하여 의붓아버지나 연하의 친족에 의한 성폭력도 처벌할 수 있도록 함.

⑤ 성폭력처벌법 공소시효

항목	적용 대상	시효
성폭력 처벌법	업무상 위력 등에 의한 추행, 공중 밀집 장소에서의 추행, 성적 목적을 위한 공공장소 침입행위, 통신매체를 이용한 음란행위	5년
	카메라 등을 이용한 촬영	7년
	친족관계에 의한 강간	10년
	특수강간, 장애인에 대한 강간/강제추행, 강간 등 상해치상	15년
	특수강도강간, 강간 등 살인 치사	25년

4장
특별검사제도

권력형 비리를 엄단하라

─────── 『플루타르크의 영웅전』에는 "법과 정의는 제우스 신과 나란히 앉아 있다. 권력을 가진 이가 하는 모든 일이 곧 그대로 법이고 정의일 수 있다."라는 문장이 나온다. 권력의 속성과 전횡을 동시에 암시하는 표현이다. 아울러 권력이 정의를 왜곡할 수 있다는 점을 경계하고 있는 셈이다.

모든 권력은 붕괴하며, 절대적 권력은 절대적으로 붕괴한다는 말도 있다. 특별검사제도는 사회 고위층 인사의 권력형 비리나 수사기관 종사자가 연루된 사건에 수사의 독립성이 필요하다고 판단되면 일반검사 대신 특별검사를 임명하여 수사와 기소를 할 수 있도록 한 제도다. 2023년 현재 수사권과 기소권이 분리되었다. 그런데도 검찰은 여전히 영장 청구권, 기소권, 재판참여권, 형집행권 등 막강한 권한을 가지고 있다. 그렇다면 수사의 독립성은 왜 필요할까?

특별검사제도와 수사의 독립성

독자　정권교체마다 특검 이야기가 나오고 있습니다. 도대체 특검이란 무엇인가요?

정 변호사　특별검사제도란 고위 공직자의 비리 혐의가 발견되면 행정부로부터 독립된 변호사를 선정해 범죄 수사와 공소제기를 담당하게 하는 제도를 말합니다. 이 제도의 취지는 공무원인 일반검사가 특권층이나 자체 비리 의혹을 수사할 경우, 부당한 상급자의 간섭에서 자유롭지 않다는 한계를 보완하기 위해 만든 제도입니다. 따라서 현 정권, 검찰 상부 및 법무부 장관의 지시나 간섭을 받지 않고 특별검사가 독립적인 위치에서 수사할 수 있다는 장점이 있습니다.

독자　권력형 비리와 관련하여 태생적으로 한계를 가지고 있던 대검찰청 중수부는 이미 폐지되었습니다. 그리고 최근 공수처가 신설되었습니다. 수사의 독립성 때문이라고 생각이 되는데 그것이 그렇게 중요한가요?

정 변호사　어릴 적 막대자석을 가지고 놀던 기억이 있지요? 자기장 원리를 모르더라도 약한 자석은 자성이 센 자석으로 끌려온다는 사실을 아실 겁니다. 우리가 만든 사회제도에서 나타나는 현상도 대부분 자연계 물리적 현상과 유사합니다. 검찰에게는 막강한 권한이 집중되어 있습니다. 이런 경우 자칫하면 다른 거대권력과 유착이 생길 수 있습니다. 권력 유착으로 권한 남용이나 뇌물수수 등의 권력형 비리가 발생한 사례를 우리는 종종 보아 왔습니다. 따라서 개인의 기본권에 지대한 영향을 미치는 기소권을 포함한 검찰의 권력은 공정하고 투명하게 행사해야 합니다. 그러나 권력형 비리와 관련하여 정치권력 등과 긴밀한 관계일 수밖에 없는 속성을 가진 검찰의 공정하고 투명한 수사를 기대하기가 그리 쉽지 않은 것도 사실입니다. 앞에서 말씀하셨지만, 대검찰청 중수부는 이미 폐지되었고 공수처가 신설되었습니다. 특별수사기관이 독립하여 신설되면 첫째는 권력 간 유착을 단절시키고, 둘째 검찰의 정치적 중립성과 독립성을 구현할 수 있으며, 셋째, 수사와 기소의 원칙적 분리를 실현할 수 있는 단초를 제공합니다. 결국 검찰 권력에 대한 견제 및 감시체계를 확립하는 계기를 제공할 수 있다는 기대감이 한층 높아졌다는 점에서 의의가 있습니다.

독자 우리나라 특별검사제도가 미국의 법 제도와 관련이 있다는데 그 말이 맞는지요?

정 변호사 예. 맞습니다. 우선 미국 특별검사제도를 말씀드리죠. 우리 특검제는 미국 특별검사제도를 모델로 하고 있습니다. 미국은 21·22대 대통령(1869~1877)이었던 그랜트(U. S. Grant)가 개인 비서의 탈세 혐의를 수사하기 위해 특별검사를 임명한 것이 처음입니다. 그 후 46·47대 대통령 닉슨(R. Nixon)이 1973년 워터게이트 수사를 맡았던 특별검사 콕스(A. Cox)를 해임하라고 요구한 것을 계기로 특별검사의 독립성이 더욱 강화되었죠. 그런데 미국의 특검제는 1999년 6월 30일에 폐지되었습니다. 1998년 당시 4천만 달러, 우리 돈 약 400억 원을 들여 클린턴을 조사한 스타 검사가 대통령의 사생활만을 들춰내는 한계를 보이자, 특검의 실효성, 예산 낭비, 위헌 논란 소지 등을 불러일으켜 결국 특별검사제도의 폐지로 이어지게 되었지요. 대표적인 특별검사로는 이란-콘트라 사건을 7년간 수사해 1992년 51대 대통령 부시(G. H. W. Bush)의 재선에 결정적 타격을 입힌 왈시(L. Walsh) 검사와 52·53대 대통령 클린턴(B. Clinton)의 성 추문을 조사했던 스타(K. Starr) 검사가 있습니다.

독자 미국에서 특검법이 폐지되었다는 게 의외로군요. 그렇다면 우리나라 특별검사제도는 언제부터 운영되었나요?

정 변호사   우리나라는 2014년 2월에 특별검사의 임명 등에 관한 법률이 통과되었습니다. 그전까지는 특별한 사건이 있을 때마다 여야 합의를 통해 한시적 특검법을 제정하고, 이에 따라 특별검사를 임명하여 수사하는 방식이었죠. 우리 특검법은 1999년 조폐공사 파업 유도 및 옷 로비 특검법으로 시작되었어요. 현재 특별검사의 임명 등에 관한 법률을 통하여 특별검사를 임명하기 위한 요건, 절차 및 권한 등을 정하고 있습니다. 그러나 특별검사를 상설기구로 설치하도록 명시하지는 않고 있지요. 이에 따라 여전히 사안별로 국회가 협의해 특검 도입을 의결하고 있습니다.

1999년 첫 도입, 2023년 현재 11차례 실시

독자   2014년도에 통과된 상설특검법은 기존 특검과 무엇이 다른가요?

정 변호사   요약하면 첫째, 특별검사 추천권, 둘째, 특별검사 직무 범위 및 대우, 셋째, 수사 기간 등 크게 3가지가 달라졌습니다. 첫째, 특별검사 추천권을 별도의 특검후보추천위원회에서 갖도록 한 점이 기존 특검과 가장 달라진 점입니다. 추천위원회는 법무부 차관·법원행정처 차장·대한변호사협회장 및 경험이 풍부한 각계 전문가를 국회에서 추천한 4명 등 총 7명의 위원으로 구성됩니다. 그런데 여기서 여당이나 법무부 차관이 너무 많은 영향력을 행사할 수 있다는 비판도 적지 않습니다. 기존 특검법에서는 특검 추천권도 여야의 협상 대상이었습니다. 최초 특검법인 1999년 조폐공사 파업 유도 특검 및 옷 로비 특검부터 2004년 노무현 대통령 측근 비리 특검까지는 대한변협이 후보자를 추천했습니다. 반면에 2005년 사할린 유전개발 의혹 특검부터 2008년 BBK 특검을 거쳐 2012년 디도스 특검까지는 대법원장이 추천권을 가졌습니다. 그후 2012년 이명박 정부에서의 내곡동 사저 부지 매입 의혹 사건 특검의 경우에는 이례적으로 제1야당이었던 민주통합당이 추천권을 가진 적이 있습니다.

독자   상황에 따라 추천권자가 달랐네요?

정 변호사   맞습니다. 두 번째 특징으로 특별검사의 직무 범위는 특별검사 임명추천서에 기재된 사건에 관해서만 수사, 공소제기 및 공소 유지를 할 수 있다는 점입니다. 따라서 특별검사는 직무 범위를 이탈해 담당 사건과 무관한 사람은 소환·조사할 수 없습니다. 특별검사는 특별검사보 및 특별수사관을 선정하며, 30명 이내의 특별수사관을 임명할 수 있습니다. 보수와 대우에 있어서는 특별검사법 제13조에 따라 특별검사는 고등검사장, 특별검사보는 검사장, 특별수사관은 3~5급 상당의 별정직 공무원과 비슷합니다.

세 번째로는 특별검사의 임명 못지않게 수사 기간도 중요한 사항인데, 기존 특검법에서는 여야협상에 따라 기간이 정해졌습니다. 내곡동 사저 부지 특검의 수사 기간은 30일, 이용호 게이트 특검과 삼성 비자금 특검은 105일이 소요되었습니다. 2003년 대북 송금 특검과 2012년 내곡동 특검을 제외한 8건의 특검은 수사 기간이 모두 연장되기도 했습니다. 반면에 상설특검법의 수사 기간은 임명일로부터 최대 110일로 정해졌습니다. 즉 임명일로부터 20일간의 수사 준비, 60일 동안의 수사 완료, 대통령 승인 후 20일간 한차례 연장이 가능합니다.

독자 그렇다면 지금까지 특검에는 어떤 사례들이 있었나요?

정 변호사 지금까지 10건의 특검 관련 특별법이 발의돼 11차례 특검이 있었습니다. 역대 특검 사례로서는 1999년 조폐공사 파업 유도와 옷 로비 사건을 시작으로 2001년 이용호 게이트, 2003년 대북 송금, 2004년 대통령 측근 비리 의혹, 2005년 철도공사 유전개발, 2008년 삼성 비자금, BBK 의혹, 2010년 스폰서 검사, 2012년 디도스, 내곡동 의혹 등의 특검이 있었지요. 그러나 2016년 11월 22일 현재까지 상설특검법 시행 이후 상설특검법에 따른 특검이 실시된 적이 없습니다. 박근혜-최순실 게이트나 드루킹 댓글 조작 사건에 대해서는 별도의 특검법이 있었습니다. 표로 정리해 보았습니다.

특검법의 사례들

특검법	의혹	제정 연도	특별 검사	수사 결과
조폐공사 파업 유도 및 옷 로비 사건 특검법	- 조폐공사 파업에 정부 개입 - 김태정 검찰총장 부인에게 재벌총수 부인 등이 옷 로비	1999	강원일 최병모	- 강희복 조폐공사 사장 단독 범행으로 결론 - 로비 실체만 인정
이용호 게이트 특검법	- 이용호 G&G 그룹 회장의 횡령 - 정·관계 로비	2001	차정일	- 검찰총장 동생 등 구속 - 김대중 대통령 차남 구속
대북 송금 특검법	- 현대그룹 대북 7대 사업권 확보 - 남북정상회담 개최를 위해 북한에 비밀 송금	2003	송두환	- 박지원 문광부장관 및 임동원 국정원장 구속 - 5억 달러 불법 송금 확인

노무현 측근 비리 특검법	- 최도술 전 청와대 총무비서관 등 금품수수 의혹	2003	김진홍	- 수사 종결에 의한 무혐의
유전 의혹사건 특검법	- 철도공사 유전개발 추진 과정에서 정치권 외압 의혹	2005	정대훈	- 대부분 무혐의
삼성 비자금 특검법	- 비자금 조성 - 검사 로비 의혹	2007	조준웅	- 삼성 회장 이건희 불구속
이명박 특검법	- BBK 연루 - 도곡동 사저 차명 의혹	2007	정호영	- 무혐의 - 재수사 후 구속
스폰서 검사 특검법	- 검찰 간부의 향응 수수 의혹	2010	민경식	- 전원 무죄 판결
재·보궐선거 사이버테러 특검법	- 중앙선관위와 박원순 서울시장, 홈페이지 디도스 테러 감행 의혹	2012	박태석	- 불구속 기소 및 무혐의
내곡동 사저 매입 특검법	- 내곡동 사저 부지 매입 관련 배임 의혹	2012	이광범	- 대통령 공소권 없음 - 아들 이시형 불기소
박근혜-최순실 게이트 특검법	- 최순실 등 민간인에 의한 국정농단	2016	박영수	- 수사 완료 후 박근혜, 최순실 구속
드루킹 댓글 조작 특검법	- 드루킹의 인터넷상 불법 댓글 조작	2018	허익범	- 최초로 수사 기간 연장 요청 포기 - 드루킹, 김경수 구속

독자　　최초의 특검이 조폐공사 파업 유도와 옷 로비 사건이라고 하셨는데 어떤 내용이었나요?

정 변호사　첫 특검의 정식명칭은 '한국조폐공사 노동조합 파업 유도 및 전 검찰총장 부인에 대한 옷 로비 의혹사건 진상 규명을 위한 특별검사의 임명 등에 관한 법률[제정 1999. 9. 30. 법률 제6031호]'입니다. 하나는 조폐공사 파업에 정부가 개입하였다는 의혹이고 다른 하나 옷 로비 사건은 신동아그룹 회장 구명을 위해 그의 부인이 김태정 검찰총장 부인 등에게 옷 로비를 했다는 의혹이었습니다. 조폐공사 파업 특검은 당시 진형구 대검공안부장이 취중에 기자들에게 "1998년 11월 조폐공사 파업은 우리 검찰이 유도한 것"이라고 발언하면서 시작되었지요. 검찰은 진 검사장을 파업 유도 주범으로 보고 구속 기소했지만, 특검팀의 강원일 특별검사는 강희복 조폐공사 사장이 경영권 행사에 위기를 느껴 파업을 유도했다는 결론을 내렸습니다. 대법원에서는 강 사장의 단독 범행으로 결론 짓고 노동조합법 위반 혐의만 유죄로 인정했습니다. 옷 로비 특검은 신동아그룹 최순영 회장 부인 이형자가 외화 밀반출 혐의로 검찰 수사를 받는 과정에서 남편을 구명하기 위해 김태정 검찰총장 부인 연정희 등에게 고가의 옷 로비를 시도한 사건입니다. 옷 로비 특검팀 최병모 특별검사는 이 씨가 로비한 실체는 사실임을 밝혀냈으나 '실패한 로비'였다고 결론을 내렸습니다.

독자   우리나라의 정경유착은 고질적 병폐인데 이와 관련한 사례가 있는지요?

정 변호사   이용호 게이트 특검이 대표적 사례입니다. '지앤지 대표이사 이용호의 주가조작·횡령 사건 및 이와 관련된 정·관계 로비 의혹사건 등의 진상 규명을 위한 특별검사의 임명 등에 관한 법률[제정 2001. 11. 26. 법률 제6520호]'이 정식명칭입니다. 이용호 G&G 그룹 회장의 횡령 및 정·관계 로비 의혹이 주요 내용입니다. 2001년 G&G 그룹 회장 이용호가 자신의 계열사 전환사채 680억 원을 횡령하고 보물선 발굴 사업 등을 미끼로 주가를 조작해 250억여 원의 시세차익을 챙긴 혐의로 구속 기소된 사건입니다. 당시 특검 과정에서 신승남 검찰총장 동생, 이형택 예금보험공사 전무, 김대중 대통령 차남 김홍업 등 권력층의 비리가 추가로 밝혀졌습니다. 김홍업은 이권 청탁의 대가로 47억 원을 받은 사실이 드러나 구속됐습니다.

삼성 이건희 회장의 퇴진을 부른 비자금 특검법

독자   특검법 중에서 특히 주목할 만한 사례로는 어떤 것이 있을까요?

정 변호사   나름대로 모두 사법적 중요성을 가지고 있습니다. 굳이 판단해 본다면 4가지 사례를 꼽아보고 싶습니다. 하나는 우리나라의 고질적인 병폐 중의 하나인 정경유착의 대표적 사례인 삼성 비자금 특검입니다. 특검 수준이 아니라도 우리나라 대기업 어디나 이 족쇄에 취약할 수밖에 없는 구조적 환경이 개선되지 않고 있기 때문입니다. 다른 하나는 공직을 남용한 재산 증식의 사례로서 내곡동 사저 부지 매입 의혹 특검입니다. 국가 최고의 정책결정자가 자신의 사익을 공직으로 활용한다면 이는 정치부패에 따른 망국의 첩경이라 생각합니다. 마지막으로 선거는 선량(good statesman)을 뽑는 대의민주주의 꽃이라 할 수 있습니다. 그런데 흑색·비방이 난무하고, 가짜뉴스로 인한 후보자에 대한 왜곡된 이미지 양산 등은 결국 고스란히 국민에 대한 사회적 비용으로 돌아올 수밖에 없습니다. 이러한 사례가 드루킹 댓글 조작 의혹 특검이라 할 수 있겠죠. 아울러 박근혜 최순실 게이트 특검법은 대한민국 헌정사상 최초로 현직 대통령을 수사하고 결국 대통령이 탄핵당하는 사건이 발생했었습니다.

독자 아, 기억이 새롭군요. 그렇다면 말씀하신 사건의 핵심을 정리해 주실 수 있나요?

정 변호사 삼성 비자금 특검법은 '삼성 비자금 의혹 관련 특별검사의 임명 등에 관한 법률[제정 2007. 12. 10. 법률 제8668호]'입니다. 2007년 10월 29일 삼성그룹 법무팀장을 지낸 김용철 변호사가 비자금을 폭로한 사실이 기폭제가 되었지요. 2008년 1월 조준웅 특검팀이 가동되면서 삼성그룹의 검사 후원 의혹 및 비자금 조성, 에버랜드 CB(전환사채) 불법 증여 의혹 등을 규명하기 위한 105일간의 수사 과정이 이어졌습니다. 2008년 4월 특검팀은 이건희 회장이 불법적 경영권 승계 과정에 개입하고, 4조 5,000억 원에 달하는 차명 자산을 보유하면서 세금 1,128억 원을 포탈한 사실을 확인했습니다. 이에 따라 이건희 삼성 회장 등 임직원 8명을 배임과 조세 포탈 혐의로 불구속 기소 했습니다. 그 결과 4월 22일 이건희 회장이 퇴진하고 삼성 경영 쇄신안이 발표되었습니다. 2009년 8월 이건희 회장의 227억 배임죄가 확정되어 징역 3년, 집행유예 5년이 선고된 사건입니다.

삼성의 불법 상속에 면죄부를 주었다는 평가를 받은 이 사건의 특별검사 조준웅은 2008년 4월 18일, 수사결과 발표문에서 의미심장한 말을 남겼습니다. "조직 구성원의 개인적 탐욕에서 비롯된 전형적인 배임, 조세 포탈 범죄와는 다른 측면이 있습니다. 평등한 법 적용이 그 법의 적용을 받는 대상이 갖고 있는 개별적 특수성이나 시대적 상황 등 다른 요소는 전혀 외면한 채 기계적으로 똑같이 적용하라는 것은 아니라고 할 것입니다." 결국, 삼성 이건희 회장은 불구속 기소 되었습니다. 2008년 4월 22일 그의 퇴진과 함께 삼성 경영 쇄신이 발표되었습니다.

독자   세계적으로도 글로벌 기업으로 평가받는 삼성이 회장의 퇴진과 경영 쇄신안을 발표하게 된 것은 특검법의 큰 성과라고 할 수 있겠네요.

정 변호사   맞습니다. 특별법의 취지가 유감없이 발휘된 것이죠. 특검법은 특히 냉정히 요약하면 경제와 정치적인 사안을 다루는 특징을 보였는데, 권력과 재력 앞에서는 그 누구도 무력할 수밖에 없지요. 그 부조리를 특검법이 해결한 겁니다.

이명박과 박근혜 전 대통령 특검법

독자   정치적 현안문제도 있었죠? 이명박 전 대통령의 경우, 특
           검이 두 번 이루어진 것으로 알고 있는데요?

정 변호사   맞습니다. 이 전 대통령의 경우에는 대통령 전과 후, 두
           번의 특검이 실시되었습니다. 하나는 '한나라당 대통령
           후보 이명박의 주가조작 등 범죄혐의의 진상 규명을 위
           한 특별검사의 임명 등에 관한 법률[제정 2007. 12. 28.
           법률 제8824호]'로서 정호영 특별검사팀이, 다른 하나는
           '이명박 정부의 내곡동 사저 부지 매입의혹사건 진상 규
           명을 위한 특별검사의 임명 등에 관한 법률[제정 2012.
           9. 21. 법률 제11484호]'로서 이광범 특별검사팀이 가동
           되었습니다.

           대통령 후보 당시 특검은 BBK 주가조작 연루 및 도곡동
           땅 등 차명 소유 등에 관한 의혹이었지만 무혐의로 결론
           이 나왔습니다. 그 후 내곡동 사저부지 매입과 관련된 배
           임 및 부동산 실권리자명의 등기에 관한 법률 등의 위반
           의혹에 대한 특검이 더 있었습니다. 먼저 BBK 특검은 투
           자 자문회사 BBK가 옵셔널벤처스 사의 주가를 조작한
           사건입니다. 이때 이명박 후보의 BBK 주가조작 및 횡령

등 연루 의혹이 주목을 끌었지요. 2007년 12월 17일 대통령 선거를 불과 이틀 앞두고 '이명박 BBK 특검법'이 국회를 통과했습니다. 특검은 39일간 이 후보의 BBK 주가 조작 사건 공모 의혹, 도곡동 땅 및 '다스' 차명 보유 의혹, 상암 DMC 특혜 분양 의혹 등을 수사했지만 이 대통령 후보와 무관하다는 수사 결과를 발표했습니다.

내곡동 사저 매입 의혹은 제17대 대통령 이명박이 퇴임 이후 거주목적으로 2011년에 매입한 서울 서초구 내곡동 사저 부지와 관련해서 아들 이시형과 청와대 경호처 간의 매입비용 차이로 인하여 배임 의혹과 부동산 실명제법 위반 혐의를 받은 사건입니다. 2011년 검찰 수사가 먼저 이뤄졌으나 아들 이시형을 비롯한 관련자 7명이 전원 불기소 처분을 받았습니다. 이에 따라 '전형적인 면죄부 수사' 또는 '총체적 부실 수사'라는 의혹을 없애기 위해서 2012년 '이광범 특별검사'에 의한 특검 수사가 출범되었지요. 수사 기간은 역대 최단 수사 기간인 30일 만에 종료되었습니다. 특검은 기존 검찰 수사에서 밝히지 못했던 사실 발견에 따라 관련 혐의자들의 기소라는 성과를 내면서 종료되었습니다.

그런데 사저 매입 과정에는 많은 의문이 있었습니다. 정리해서 말씀드리면 아들 이시형은 부지매입 대금으로 23억 원을 지급해야 하지만 11억 2천만 원에 매입했고, 청와대는 30억 원을 지급해야 할 것을 42억 8천만 원에 매입했습니다. 결국 내곡동 사저 지분율은 전체 대비 이시형이 54%, 청와대가 46%가 된 것이죠. 즉 이시형은 시세차익을 보았고 청와대는 그만큼 손실이 생겼다는 것입니다. 따라서 아들 명의의 부동산 실명제 위반, 다운계약서 의혹 및 편법 증여 의혹이 제기된 것입니다. 특검 수사 결과, 이시형은 불기소 처분 및 증여세 과세자료의 제출을, 부인 김윤옥 여사는 무혐의, 이명박 대통령은 공소권 없음으로 끝났지요.

독자 특검법을 시행한 결과는 그랬지만 이명박 전 대통령이 구속되고 형을 살게 된 것은 사실이었죠?

정 변호사 맞습니다. 퇴임 이후, 다스를 비롯한 각종 비리에 대한 논란과 비판이 잇따랐고요, 뇌물수수, 횡령 등의 혐의로 구속되었습니다. 역대 대통령 중에서 4번째로 구속되었습니다. 이후 2018년 10월 5일 1심에서 징역 15년, 벌금 130억 원을 선고받았지요. 2020년 10월 29일에는 대법원이 징역 17년과 벌금 130억 원, 추징금 57억 8천여만 원을 선고한 원심을 확정했습니다.

독자   이 대목에서 박근혜-최순실 게이트 특검법을 언급하지
        않을 수 없습니다.

정 변호사   네, 그렇죠. 작고하신 노회찬 전 정의당 의원이 국회에서
        첫 발의를 했던 것이 박근혜-최순실 게이트 특검법이었
        습니다. 사안이 복잡하기도 하지만 핵심은 최순실 등 민
        간인에 의한 국정농단이 있었다는 것이고 수사 결과 또
        한 매우 충격적이었습니다.

독자   요약해서 설명해 주셨으면 합니다.

정 변호사   네, 그러죠. 어쨌든 교섭단체 정당인 더불어민주당, 국민
        의당, 새누리당(현 국민의힘)이 합의해 2016년 11월 17일
        에 특검법이 국회를 통과했습니다. 김대중 정부 시절에
        청와대 민정수석실 사정비서관을 지낸 박영수 변호사가
        특별검사로 임명되었죠. 박근혜-최순실 게이트 특검법
        은 최순실 등 대통령 측근들의 부정부패에 관련 14가지
        를 수사하고, 수사 과정에서 인지한 범죄 사건도 수사할
        것을 규정했습니다. 결국 최순실이 재단법인 미르와 재
        단법인 케이스포츠의 설립에 관여하여 그 재단을 사유화
        한 사건이고, 최순실의 딸 정유라가 특혜를 받은 사건 등
        을 포함하고 있습니다.

독자   이 사건이 드러나게 된 동기나 계기가 있었나요?

정 변호사　결정적인 계기는 최순실의 지인이었던 고영태가 TV조선에 민간인 국정농단 사건을 제보하면서 촉발되었습니다. 2016년 7월 26일 TV조선이 제일 먼저 미르재단 기금 모금 과정에 청와대 안종범 경제수석이 개입한 의혹이 있다고 의혹을 제기했습니다. 2016년 9월 20일 한겨레신문은 재벌들이 출연해 만들어진 미르재단과 K스포츠재단에 최순실이 관여했다고 보도했습니다. 특히, 2016년 10월 24일에 JTBC 뉴스룸은 최순실이 버리고 간 태블릿 컴퓨터 자료를 근거로 최순실이 44개의 대통령 연설문을 대통령이 공개적으로 발표하기 전에 받았다고 단독 보도하여 결정적인 자료를 제공합니다. 같은 해 11월 20일 검찰은 최순실 등을 기소했고 박근혜 전 대통령도 공범이라고 밝혔습니다. 해당 사건은 2016년 12월 9일 국회 본회의에서 재적의원 300명 중 299명이 참여해 표결한 결과, 찬성 234표, 반대 56표, 무효 7표, 기권 2표로 탄핵이 가결되었습니다. 아울러 2017년 3월 10일 헌법재판소는 박근혜 대통령 탄핵을 인용하는 결과가 나왔습니다. 최 씨를 비롯해 안종범 전 국정조정 수석과 정호성 전 부속비서관, 김기춘 전 대통령 비서실장 등 청와대 인사들, 조윤선 전 문화체육관광부 장관과 문형표 전 보건

복지부 장관 등 30명의 정부 인사들을 대거 구속·기소하는 성과를 올렸습니다.

독자 특별법이 별것 아닌 것처럼 보여도 위력이 대단하네요.

정 변호사 동감합니다. 특별법으로 현직 대통령과 전직 대통령을 구속하는 결과를 낳았으니까요.

드루킹 댓글 조작 특검법, 흑색 비방을 잡다

독자 선거 관련 차원에서 드루킹 특검은 어떤 의미를 갖는가요?

정 변호사 2018년 5월 21일 국회 본회의에서 통과된 드루킹 특검법은 '드루킹의 인터넷상 불법 댓글 조작 사건과 관련된 진상 규명을 위한 특별검사의 임명 등에 관한 법률'입니다. 우리나라 선거 역사상 무수한 흑색·비방 선전이 있었지만, 이 사건은 대선을 앞둔 시점에서 인터넷을 통해 발생한 불법적인 가짜 정보 유출의 사례라는 점에서 의미가 있습니다.

독자 그렇다면 드루킹 특검법의 수사 과정과 결과는 어떻게 진행되었나요?

정 변호사 특검의 수사 기간은 동법 제9조 1~3항에 근거하여, 준비 기간 20일, 수사 기간 60일로 구성되었습니다. 또한 수사 범위는 제2조에 근거하여 첫째, 드루킹 및 드루킹과 연관된 단체회원 등이 저지른 불법 여론 조작 행위가 있었는지, 둘째, 수사 과정에서 범죄혐의자로 밝혀진 관련자들의 불법행위가 있었는지, 셋째, 드루킹이 불법 자금과 관련된 행위가 있었는지를 파악하는 것으로 규정하였죠. 이에 따라 2018년 6월 7일 특별검사로 허익범 변호사를 특별검사로 임명하였습니다.

2018년 6월 14일 연루 의혹을 받은 김경수 전 경남도지사가 제7회 지방선거에서 도지사에 당선되었고, 동월 28일 특검은 드루킹으로 불리는 김동원을 소환조사하였습니다. 7월 23일에는 드루킹으로부터 정치자금 수수 의혹을 받고 있던 노회찬 정의당 의원이 자살하는 사건이 벌어지기도 했습니다. 동월 31일 특검팀은 김경수 전 경남도지사가 드루킹에게 재벌개혁 공약 자문을 요청한 메신저 대화 내역을 확보한 후 김경수 전 경남도지사를 참고인에서 피의자 신분으로 전환하였습니다. 2018년 8월 15일 김경수 전 지사에게 드루킹 일당과 공모해 포털사이트 댓글을 조작한 혐의가 적용되어 특검은 김경수 전 경남도지사에 대해 구속영장을 청구하였지만, 동월 18일 서울중앙지법 박범석 판사는 "공모 관계의 성립 여부 및 범행 가담 정도에 관해 다툼의 여지가 있다는 점, 증거 인멸의 가능성에 대한 소명이 부족한 점, 피의자의 주거·직업 등"을 이유로 특검의 구속영장 청구를 기각했었죠. 그 후 동월 22일 특검팀은 더 이상 수사 기간을 연장하지 않기로 하고 동월 25일 특검의 수사 기간을 종료하였습니다.

2018년 8월 수사 기간이 종료된 후 특검은 동년 12월 서울중앙지방법원 형사합의32부에서 열린 1심의 결심 공판에서 '드루킹' 김동원에게 징역 7년을, 김경수 전 도지사에게 징역 5년을 구형했습니다. 결국 이 사건은 2019년 1월 30일 서울중앙지방법원(성창호 부장판사)에서 '드루킹' 김동원에게 댓글 조작, 뇌물공여 등의 혐의에 대해서 징역 3년 6개월의 실형을, 정치자금법 위반 혐의에 대해서는 징역 6개월, 집행유예 1년을 선고했습니다. 또한 김경수 전 경남도지사에게는 댓글 조작 혐의에 대해 징역 2년의 실형을, 공직선거법 위반 혐의에 대해 징역 10월, 집행유예 2년을 선고하며 법정구속한 사건입니다.

특검법의 실효성

독자   대표적 특검 사례를 제외하면 그래도 뭔가 아쉬운 면이
      있고, 특검의 실효성에 의구심도 드는데요?

정 변호사   좋은 지적입니다. 지금까지 특검제를 통해 권력형 비리
      의 의혹을 밝혀내고 집권층을 기소하여 엄벌하는 성과를
      낸 사례도 있었습니다. 그러나 대부분 특검이 정치적 논
      란만 클 뿐 명쾌한 성과가 없었습니다. 이 점 때문에 과
      연 특검이 필요한지에 대한 '특검 무용론'이 제기되곤 했
      지요. 한시적인 특검법 절차상 국회 의결 이후 특별검사
      선정과 임명 절차가 시작되고, 도입 여부, 수사 대상 및
      추천권을 둘러싸고 여야의 정치 공방이 벌어지면 수개
      월의 시간이 소요됩니다. 결국 수사는 증거 보전상 기밀
      성과 신속성이 중요한데 특별검사의 수사 착수가 이렇게
      지연된다면 특검의 성과를 낼 수 있겠는지 비판이 발생
      합니다.
      특히 2012년 대선에서 박근혜 당시 새누리당 대선 후보
      가 '정치쇄신 공약' 중 하나로 상설 특별검사제도를 내놓
      아 많은 호응을 얻은 적이 있습니다. 임기가 보장된 특별
      검사를 임명하고 사안이 생기면 바로 수사에 착수할 수

있도록 하는 제도로 특검을 만들겠다고 밝힌 것이죠. 그러나 결국 2014년 2월 28일 여야 간 타협에 따라 특별검사의 임명 등에 관한 법률이 통과되었으나 상설기구로서의 특검을 내세운 애초 공약의 취지는 거의 반영되지 않았습니다.

독자 그렇다면 변호사님이 생각하시는 바람직한 특별검사제도란 무엇인지요?

정 변호사 특별검사제도는 수사 자체의 공정성을 기대할 수 없거나 수사가 공정하게 이뤄졌다고 볼 수 없는 경우에 가동되는 제도입니다. 특별검사가 직무 범위를 이탈해 담당 사건과 무관한 사람은 소환·조사할 수는 없지만, 수사 대상이나 수사 범위에는 제한이 없다는 점에서 막강한 권능을 가지고 있습니다. 어찌 보면 실체적 진실과 절차적 정의를 구현하려는 사법적 제재의 강력한 도구입니다.

그러나 제도는 그 품질과 운영이 병행되어야 합니다. 아무리 제도가 잘 만들어졌다고 하더라도 운영상의 하자가 발생한다거나 겉으로는 아무리 운영이 잘되는 것처럼 보일지라도 운영의 본질을 놓치는 부분이 발생한다면 이 또한 제도의 품질을 떨어뜨리게 됩니다. 특검법의 본질은 수사의 독립성입니다. 이 영역에는 봐주기, 감싸

기, 경제적 수혜를 통한 예속관계 등이 들어설 자리가 없
어야 합니다. 이것이 진정한 특별검사제도라고 생각합
니다.

특별검사제 핵심 요약

① **정식명칭** 특별검사의 임명 등에 관한 법률. 특검 사안에 따라 「○○○ 의혹 관련 특별검사의 임명 등에 관한 법률」 등으로 개별적인 법률 명칭이 달라질 수 있다.

② **연혁** 특별검사제도는 미국의 영향을 받아 1999년부터 실행되었다.

③ 기존 특검과 달라진 것은 첫째 특별검사 추천권을 별도 특검 후보추천위원회에서 갖도록 한 점, 둘째 특별검사 임명추천서에 기재된 수사의 공소제기 결정 및 공소 유지에 한한다는 점, 수사 기간이 여야협상이 아닌 임명일로부터 최대 110일이라는 점.

④ **대표적 사례** 2008년 삼성 비자금과 BBK 의혹, 2010년 스폰서 검사, 2012년 디도스와 내곡동 의혹 특검 등이 있다. 박근혜-최순실 게이트나 드루킹 댓글 조작 사건에 대해서도 별도의 특검법이 통과되었다.

5장
5·18 특별법

산 자여! 따르라

〈임을 위한 행진곡〉은 소설가인 황석영과 전남대학교 학생이던 음악인 김종률이 만들었다. 1981년 5월 광주에 있는 황석영의 집에서 김종률이 작곡을 하였고, 가사는 황석영이 시민사회 운동가 백기완이 지은 장편 시 '묏비나리 – 젊은 남녘의 춤꾼에게 띄우는'의 일부분을 빌려와서 만들었다고 한다. 당시 백기완은 1980년 12월 YMCA 위장결혼식 사건으로 서대문구치소에 수감 중이었다.

지난 1980년대 군사정권 하에서는 '임을 위한 행진곡'을 부르는 것이 금지되었다. 따라서 입에서 입으로 전해진 까닭에 부르는 사람마다 가사와 가락이 조금씩 다르다. 그런데 이 노래가 지금은 대한민국 공식 행사인 5·18 민주화운동 추념식에서 기념곡으로 제창되고 있다. 어떤 사연이 있어서 그럴까? 궁금증을 풀기 위해 40여 년 전으로 거슬러 올라가 보자.

12·12 군사반란과 5·17 쿠데타

독자 이제, 5·18 특별법에 대해서 살펴보도록 하겠습니다. 이 법규가 생긴 배경을 설명해 주셨으면 합니다.

정 변호사 1979년 10월 26일 충청남도 당진과 아산을 잇는 삽교천 방조제 준공식에 참석한 대통령 박정희는 당일 궁정동 안가에서 경호실장 차지철과 중앙정보부 부장 김재규 등과 저녁 모임이 있었습니다. 당시 시국은 민주화에 대한 열망이 끓어오르는 시기이기도 했지요. 대표적인 사례가 부산·마산 사태라고 불리는 시위 상황이었습니다. 회식을 이어가는 도중, 부마사태에 대한 박 대통령의 질책이 김재규 부장에게 쏟아졌고, 이에 발끈한 중앙정보부 부장 김재규는 자신의 권총으로 대통령 박정희를 저격하는 사건이 발생했습니다. 순식간에 대한민국 정권의 공백이 발생했죠. 그 후 외무 행정관료 출신인 국무총리 최규하가 대통령 권한 대행(이후 10대 대통령 취임)했지만, 당시 보안사령관이던 육군 소장 전두환의 무소불위를 막기에는 너무나 무력했습니다.

독자 아, 12·12 군사 반란을 말씀하시는 거죠?

정 변호사 맞습니다. 10·26 시해 사건 후 발생한 12·12 군사 반란은

1979년 12월 12일, 육군 소장 전두환과 노태우 등을 중심으로 한 육군 내 사적 모임인 하나회 세력이 당시 계엄사령관인 육군 참모총장 정승화, 특수전사령관 정병주, 수도경비사령관 장태완 등을 체포한 사건입니다. 정승화는 조선경비대 사관학교 5기생입니다. 후신인 육군사관학교 11기생인 전두환, 노태우의 6년 선배인 셈이죠. 게다가 10·26 시해 사건 발생 후 중앙정보부장 김재규와의 관련을 이유로 육군 소장인 보안사령관이 육군 대장인 참모총장을 체포한 것입니다. 가장 큰 문제로 지적되는 것은 대한민국 군 수뇌부들이 대통령 최규하의 승인 없이 불법 체포되었다는 점입니다. 5·17 쿠데타는 그다음 해인 1980년 5월 17일, 전두환과 노태우가 하나회(일명 신군부라고 함) 세력이 정권 장악을 위해서 주도한 비상계엄을 확대 조치한 사건입니다. 어수선한 시국을 수습한다는 명목하에 신군부는 1980년 5월 17일 24시부터 비상계엄을 전국으로 확대했지요. 당시 5·17 비상계엄을 전국으로 확대하여 실권을 장악한 하나회 세력은 이 기간 제5공화국 정권을 창출하겠다는 명목으로 인권유린과 헌정을 파괴하는 행위를 자행하게 됩니다. 국가보위비상대책위원회를 설치하면서 정당 및 정치활동을 금지하고,

국회를 폐쇄했습니다. 더군다나 영장도 없이 학생, 정치인, 재야인사 등 총 2,000여 명 이상을 구금했지요. 이러한 일련의 사건이 5·17 쿠데타(내란)입니다. 5월 17일 이전까지는 '서울의 봄'이라는 화사한 문구가 신문 지상에 오르내렸습니다. 김대중, 김영삼, 김종필! 그런데 이 세 사람은 한참 계산 착오를 하고 있었습니다. 연륜 있는 정치인들이 신군부한테 10년 이상 무참히 짓밟힐 줄은 몰랐지요. 5·18 광주 민주화운동은 이러한 쿠데타 세력의 무자비한 시위 진압에 대한 항의로부터 일어나게 되었습니다.

5·18 광주 민주화운동

독자   5·18 광주 민주화운동의 시작이로군요.

정 변호사   그렇습니다. "광주에서 소요 사태가 일어났습니다." 1980년 5월 21일 신군부의 계엄사령관 이희성이 발표한 이 말이 관변 언론 등에 의해서 '광주사태'라고 보도되기 시작했습니다. 보통 소요(騷擾)라는 법률적 의미는 '여러 사람이 모여 폭행이나 협박 또는 파괴 행위를 함으로써 공공질서를 문란하게 하는 행위'를 말합니다. 거의 폭동과 비슷하게 쓰이고 영어로는 'riot'이라 하지요. 그런데 2020년대 현재를 사는 우리가 판단해 보아야 할 일이 있습니다. 이 사건은 진짜 폭동이었을까요? 그렇다면 왜 1995년에 '5·18 민주화운동 등에 관한 특별법'을 제정하였고, 왜 당시 희생자들에게 보상 및 희생자 묘역 성역화가 이뤄졌으며, 왜 1997년 '5·18'을 국가기념일로 제정하여 대한민국 정부 주관으로 기념행사가 열리고 있는가에 대한 깊은 성찰이 필요하다고 생각합니다. 또한 이 사건을 계기로 2011년 5월에 5·18 광주 민주화운동 기록물이 유네스코 세계기록유산에 정식으로 등재되기도 했습니다. 또한 영화계에서는 5·18을 모티브로 하여 '꽃잎(1996)', '화려한 휴가(2007)', '26년(2012)' 등이 제작되었고, 2017년 개봉한 '택시운전사'는 관람객 1,200만 명이라는 흥행을 일으키며 최근까지도 5·18 민주화 운동에 대한 평가가 문화계 안팎에서도 다시 조명되었지요.

독자   자연스럽게 5·18 특별법의 배경과 영화계에 끼친 영향을 설명해 주셨는데요, 5·18에 대한 구체적인 설명을 부탁드립니다.

정 변호사   광주 민중항쟁이라고도 불리는 5·18 광주 민주화운동은

1980년 5월 18일부터 그해 5월 27일까지 광주시민과 전라남도 도민들이 중심이 되어 전개한 대한민국 민주화운동의 하나입니다. 이 과정에서 그들이 요구한 것은 첫째, 신군부의 정권 장악을 위한 계엄령 철폐, 둘째, 보안사령관 전두환을 비롯한 신군부 세력의 퇴진, 셋째, 정상적인 민주 정부의 조속한 수립 등을 시민들이 요구한 모두였습니다. 당시 대한민국은 전국적으로 언론이 전면 통제된 상황이었죠. 수도 서울에서도 그 내막을 모르는 채였고, 오히려 국내보다 국외에서 알려지는 계기가 있었습니다. 영화 '택시 운전사'에 나오는 위르겐 힌츠페터(Jürgen Hinzpeter, 1937. 7. 6.~2016. 1. 25.)라고 독일 제1공영방송 ARD의 기자가 당사자입니다. 그는 당시 광주에서 발생한 5·18 민주화운동과 그 참상을 세계에 처음으로 알렸습니다. 5·17 비상계엄을 전국적으로 확대한 신군부는 헌정 파괴를 자행하면서 들끓어 오르던 민주화를 억압하고 있었습니다. 광주지역 시민들은 이에 대하여 단호히 항거하였지요. 그러나 신군부는 시민들과의 타협이나 협상은 무시한 채, 그들의 사전 시나리오대로 시위와 진압 훈련을 받은 공수부대를 투입해 이를 폭력적으로 진압했습니다. 이후 더욱 격화된 분위기 속에서 무장한 시민군

과 계엄군 사이에 지속적인 교전이 벌어져 수많은 시민
이 희생되는 참상이 발생했습니다.

역사적 엄단이 녹아든 5·18 특별법

독자 5·18 특별법의 정식명칭은 어떻게 되나요?

정 변호사 공식 명칭은 5·18민주화운동 등에 관한 특별법입니다.
법률 제5029호로 1995년 12월 21일에 제정되었지요. 그
후 4번 개정이 있었습니다. 1차 개정(법률 제10182호, 2010.
3. 24.)과 3차 개정(법률 제17823호, 2021. 1. 5.)은 일부개정
이었고, 2차 개정(법률 제13722호, 2016. 1. 6.)과 4차 개정
(법률 제18465호, 2021. 9. 24.)은 군사법원법에 따른 타법
개정에 따른 것입니다. 그런데 5·18 특별법을 좀 더 들여
다보면 4번의 개정과 더불어 이 법이 5·18민주화운동'에
관한' 특별법이 아닌 5·18 민주화운동 '등에 관한' 특별
법이라는 것입니다.

독자 왜 그럴까요?

정 변호사 여기에는 민주화와 헌정질서를 파괴하는 행위에 대한 역
사적인 엄단이 녹아들어 있기 때문입니다. 5·18 특별법

은 1979년 12월 12일과 1980년 5월 18일 전후에 발생한 헌정질서 파괴에 해당하는 범죄행위에 대한 공소시효 정지 등의 사항을 규정하고, 민주화 정착과 국가 기강을 바로잡고, 민족정기 함양함을 목적(제1조)으로 제정된 법률입니다. 전문 7조와 부칙으로 구성된 5·18 특별법은 첫째, 정부가 5·18 민주화운동 정신 계승을 위한 기념 사업을 추진할 것(제5조)과 둘째, 5·18 민주화운동 관련자 보상 등에 관한 법률에 따른 보상을 배상(賠償)으로 간주(제6조)할 것을 규정하고 있습니다. 셋째, 공로로 받은 상훈에 대해서는 서훈을 취소하고 훈장을 환수할 것도 명시하고 있습니다. 이 말은 5·18 민주화운동이 소요 혹은 폭동이 아니라는 것을 잘 드러내고 있습니다. 주목할 만한 부분은 최근 2021년 3차 개정으로 5·18 정신이 그대로 담겨있습니다. 개정 원문을 그대로 정리해 보겠습니다.

"5·18 민주화운동은 대한민국 민주주의 발전에 기여한 대표적인 민주화운동이자, 대한민국 근현대사의 슬픈 역사이다. 40년이 지났음에도 아직까지 5·18 민주화운동을 비방하고, 폄훼하고, 역사적 사실을 왜곡·날조함으로써 국론 분열을 조장하고 이를 정치적으로 이용하는 세력들이 있다. 5·18민주화운동에 대한 역사 왜곡은 희생자와 유족 등에게 단순히 모욕감을 주거나 그 명예를 훼손하는 것을 넘어, 잘못된 역사 인식 전파와 국론 분열이라는 더 큰 사회적 파장으로 이어질 수 있으므로, 「형법」이나 「정보통신망 이용촉진 및 정보보호 등에 관한 법률」 등 일반 법률보다 더욱 강하게 처벌할 필요가 있다. 이에 이 법의 목적과 5·18민주화운동의 정의를 보다 명확히 하고, '반인도적 범죄행위'에 대한 공소시효의 진행 정지를 명시하며, 5·18 민주화운동에 대한 허위 사실을 유포하는 행위를 금지함으로써 국론 분열을 방지하고 5·18 민주화운동이 대한민국의 역사로 올바르게 자리매김하도록 하려는 것이다."

독자   아, 그렇군요.

정 변호사   참고로 5·18 특별법이 1995년 12월 21일에 제정되었지만, 앞서 "5·18 민주화운동 관련자 보상 등에 관한 법률"이 1990년 8월 6일 법률 제4266호로 먼저 제정되었으며 같은 해 8월 17일부터 시행되었지요. 이 법률은 5·18 민주화운동과 관련하여 사망, 행방불명, 부상자와 유족에 대해 국가가 명예 회복과 실질적인 보상을 함으로써 생활 안정과 복지향상, 국민화합과 민주 발전을 목적으로 제정된 법률입니다. 전문 22조와 부칙, 시행령으로 구성된 이 법률은 5·18 민주화운동 관련자와 유족에게 보상 결정이 날 때까지 별도의 기준에 따라 보상금을 지급(제5조)하도록 했고, 부상자에게는 의료지원금(제6조)을, 관련자와 유족에게는 생활지원금을 지급(제7조)하도록 했습니다.

정의는 계속된다 - 4·19와 5·18

독자 그렇다면 4·19 의거와 5·18 민주화 운동을 비교해서 살펴보면 꽤 의미 있는 정의가 나올 것 같아요.

정 변호사 꽤 흥미로운 지적입니다. 정의에 대한 관점은 다양합니다. 1971년 롤즈(J. Rawls, 1921. 2. 21.~2002. 1. 24.)는 그의 저서 『정의론』에서 "진리가 사상체계의 제1의 미덕이듯이, 정의는 사회제도 제1의 미덕이다."라는 멋진 말을 남겼지요. 법에서 말하는 정의는 주로 법적 절차의 일관성, 투명성, 그리고 정연함과 연관되어 있습니다. 만약 사법제도가 제대로 이행되지 않는다면 정의가 제대로 실현되지 않을 수도 있다는 말이지요. 그래서 정의가 실현되려면 겉으로 보기에도 정의가 행해지는 듯이 보여야 한다는 말에 일리가 있습니다. 그러한 의미에서 여기서는 우리나라 현대사에서 발생한 중요한 사건 하나를 5·18 민주화 운동과 비교하려 합니다. 물론 두 사건은 역사적·정치적으로 그 맥락이 다르지만, 분명한 것은 정의라는 개념이 이 사건 둘을 관통하고 있기 때문입니다.

독자　　동의합니다.

정 변호사　4·19 의거로 불리기도 하는 4·19 혁명은 1960년 4월 이승만 정권의 3·15 부정선거에 항거하며 학생들을 중심으로 일어났습니다. 민주적 절차에 의한 정권교체를 요구한 시위로 시작되었지요. 4·19 혁명의 직접적 원인은 1960년 3월 15일 실시된 자유당 정권이 저지른 불법·부정 선거 때문입니다. 경찰과 내무부의 주도하에 완전히 날조된 선거 결과가 나왔지요. 이승만은 총투표수에서 당선에 필요한 1/3보다 2배 이상 많은 표를 얻었고, 이기붕은 180만 표를 얻은 민주당 후보 장면을 제치고 840만 표로 부통령에 당선되었지요. 이에 부정·불법 선거를 규탄하는 반정부시위가 선거 전후 전국에 걸쳐 일어나기 시작했습니다. 1950년대 말 이승만 정권은 국가보안법을 시행했습니다. 진보당 당수 조봉암의 처형과 당시 유력한 민주당 대통령 후보 조병욱의 사망 등 일련의 사건들이 터지면서 민주주의에 대한 국민의 기대감이 분열되고 있었지요. 자유당 정권으로부터 멀어진 민심은 어느덧 도덕적 분개라는 묵혔던 감정을 촉발하는 사건이 필요했습니다. 4월 초 전국에서 부정선거를 규탄하는 여론이 들끓고 있을 즈음, 마산에서 부정선거를 규탄하는 시위에 가담했다가 최루탄이 눈에 박힌 채 바다에 버려진 마산상업고등학교 학생 김주열 열사의 사체가 발견되는 사건이 발생했습니다. 이 사건은 3·15 부정선거에 대한 항거의 기폭제가 되어 집권 정부에 대한 분노로 표출되기에 이르렀지요. 그러나 이승만 정권은 상황의 심각성을 이해하지 못했습니다. 마산 시위에 대해 이승만은 4월 15일 '그 사건은 공산주의자들에 의하여 고무되고 조종된 것'이라는 담화를 발표했습니다. 정부의 이런 발표는 학생들의 분노를 더욱 들끓게 했습니다. 문제의 4월 18일, 서울 한복판에서 시위하고 있던 고려대학교 학생들이 경찰의 비호를 받는 반공청년단의 습격을 받았습니다. 4월 19일에는 약 3만 명의 대학생과 고등학생들이 거리로 뛰쳐나와 수천 명이 경무대로 몰려가는 상황이 벌어졌지요. 경찰이 시위대를 향해 발포하자 학생들의 시위는 더욱 격렬하게 변했습니다. 부산, 대구, 광주,

인천, 목포, 청주 등 전국적으로 수천 명 학생이 가세했습니다. 그날 서울에서만 자정까지 약 130명이 사망하고 1,000여 명 이상의 부상자가 발생했습니다. 경찰이 시위대에 발포하기 시작한 직후, 전국의 주요 도시에는 계엄령이 선포되었습니다. 시위가 더욱 거세지자, 4월 26일 이승만은 하야를 발표했습니다. 허정의 과도 정부가 수립되었지만 과도 정부는 최소한의 현상 유지만을 대안으로 제시하였을 뿐 근본적인 국정 역량수행에서는 부족함이 많았습니다. 물론 4·19의거로 결국 이승만 정권은 붕괴하였습니다. 4월 혁명은 민주화와 정의를 향한 민주화 세력에 의한 혁명적 시도였다는 점은 높이 평가되고 있습니다. 반면에 미완의 혁명이라는 한계도 보여주었습니다. 4월 의거는 민주적 시위 세력으로서 체계화된 혁명의 구심력은 갖추지 못하였습니다. 이후 시위 학생들은 학원으로 다시 돌아갔습니다. 또한 4·19의 결과는 당시 별다른 국정 역량이 없던 민주당으로 넘어갔습니다.

4·19 의거와 5·18 민주화 운동

	4·19 의거	5·18 민주화 운동
발생 연도	1960. 4. 19	1980. 5. 18
원인	3·15 부정선거	헌정질서 파괴
책임자	이승만	전두환, 노태우
결과	하야	구속(정권교체 후)
의의	미완의 혁명	특별법 제정

5.18에 북한군 개입?

독자 5·18 민주화 운동 과정에서 늘 나왔던 얘기 중의 하나가 북한군이 개입했다는 내용입니다. 그 문제는 근거가 있는 걸까요?

정 변호사 한 인물이 있습니다. 자신이 만든 공식사이트를 보면 그는 사회운동가라고 소개합니다. 1942년 강원도 횡성 출생이며, 미국 해군대학교 시스템공학 박사이자, 현재는 500만 야전군 의장임을 자처하고 있습니다. 그는 육군사관학교 22기, 육군 대령 출신 지만원 씨입니다. 그의 주장이 이슈화되고 여러 차례 법적 소송이 이어진 것은 5·18 민주화운동에 북한군이 개입하였다는 주장 때문입니다. 이러한 그의 주장에 대해 CBS 노컷 뉴스 윤준호 기자는 2019년 2월 17일 당시 다음과 같은 보도를 합니다. "지만원은 5·18 광수가 황장엽이라 주장하였다. 그러나 알고 보니 시민군 박남선 씨였다." 여기서 광수라는 인물은 지만원 씨 스스로 5·18 당시 시민들이 찍힌 사진을 두고 북한군 특수부대라고 주장하는 시민들에게 일련번호를 매기고 '○○번 광수'라고 일컬었던 사람들입니다. 즉 '광수'는 5·18 당시 광주에서 활동한 북한 특수부대를 줄여서 지만원 씨가 애호하였던 명칭이죠. 그중에서 71번 광수로 북한에서 노동당 비서를 지낸 최고 거물급 황장엽 씨를 71번 광수로 지목했습니다. 황장엽 씨는 1997년 대한민국으로 망명하여 살다가 2010년에 사망했습니다. 그는 북한의 『김일성 주체사상』을 저술한 사람입니다. 당시 바른미래당 국회의원 하태경 씨는 국회에서 기자회견을 열고 지 씨의 북한군 개입설을 조목조목 반박하며 '지만원 피해자 대책위원회'를 출범시킵니다. 탈북 활동가를 중심으로 지만원 씨가 주장하는 북한군 개입설의 진실을 규명하겠다는 취지였지요. 하 의원은 "지만원 씨는 얼굴이 공개된 탈북 활동가들이 1980년 광주에 파견된 북한 특수부대라는 해괴망측한 주장을 펴며 그들을 간첩으로 내몰았다."라고 말했습니다. 또한 "지 씨가 지목한 황장엽 씨는 5·18 당시 시민군 상황실장을 맡았던 박남선 씨로 밝혀졌다."라고 반박하면서, 박 씨를 직접 만나 찍은 사진까지 공개했습니다. 5·18 기념재단은 "지 씨는 5·18 민주화 운동에 참여한 광주시민들을 북한 특수군(일명 광수)이라고 주장, 명예훼손 혐의로 기소돼 형사재판을 받고 있다."라며, "지 씨는 자신의 웹사이트와 유튜브 채널 등에서 5·18을 왜곡·폄훼하고 있다."라고 전했습니다. 5·18 관련 단체는 지 씨와 〈뉴스타운〉이 발행한 출판물 『뉴스타운 호외 1~3호』에 대해 명예훼손에 따른 손해배상을 청구하여 대법원으로부터 승소 판결을 받아 지 씨로부터 배상금을 받았습니다. 또한 5·18민주유공자 단체(유족회·부상자회·구속부상자회), 5·18 기념재단 및 5·18 유공자 등은 지 씨가 발행한 도서 『5·18 영상 고발』에 대해 지난 2017년 6월 명예훼손에 따른 손해배상을 청구하여 배상금을 지급하라는 대법원 확정판결을 받았습니다. 결국, 5·18 민주화운동에 참여한 시민들을 '북한 특수군'이라 지칭하고 비방한 혐의로 형사재판에 넘겨진 보수논객 지만원 씨는 2023년 1월 현재

대법원에서 징역 2년의 실형을 최종 확정받았습니다. 따라서 5·18 민주화운동 과정에서 북한군 특수부대의 개입은 낭설이라는 게 법적인 판단입니다.

5·18 특별법의 자리매김

독자 5·18 특별법도 계속 개정이 되었나요?

정 변호사 그럼요. 특별법의 특장점 중 하나는 그 시대의 흐름을 빠르게 반영한다는 것이죠. 5·18 특별법은 제정 이후 4차례 개정되었습니다. 이 점은 상당히 중요한 의미를 갖고 있습니다. 4번의 개정이 단지 과거의 청산이더라도 끊임없는 정의 실현을 위한 우리의 노력이 반영되는 점 때문이지요. 여러분들은 진리에 맞는 올바른 도리이자 사회제도의 제1의 미덕인 정의(正義)를 정의(定義)하라면 어떻게 답을 하시겠습니까? 저명한 석학들의 관점과 견해도 다양하기에 이에 대한 물음은 어리석을 수도 있습니다. 그러나 5·18 특별법에서 한 가지 분명한 점은, 이 법에 정의에 대한 본질을 관통하는 부분이 명확히 존재한다는 것입니다. 우리 모두가 생각하는 정의에 어긋나는 일이 생긴다면 반드시 첫째, 진상을 규명해야 하며, 둘째, 그 책임자는 처벌해야 하고, 셋째, 피해자들의 명예를 회복해야 하며, 넷째, 그에 따른 배상을 보장하는 법 절차적 과정과 결과가 투명해야 합니다. 특히 피해자의 명예를 회복한다는 말은 우리 변호사들의 중요한 책무이기도 합니다.

이러한 의미에서 5·18 특별법은 크게 세 가지 점에 주목할 필요가 있습니다. 첫째, 5·18 무력 진압과 관련한 신군부의 주체 세력인 전두환, 노태우 전직 대통령들에 대한 사법 심판을 통해 헌정질서 파괴 행위가 법률적으로 단죄되었다는 점입니다. 둘째는 12·12와 5·18을 넘어서 앞으로 발생할 수도 있는 헌정질서 파괴 행위의 경우 국가 소추권 행사에 따른 공소시효 진행이 정지되는 것을 규정하는 법 제도적 안전장치를 마련했다는 것이죠. 마지막으로 세 번째는 5·18 광주 민주화운동에서 나타났듯이 정의에 대한 우리의 광범위한 참여가 이루어졌다는 점은 권위주의라는 역행에 방벽을 치는 민주적 규범 질서를 확립했다는 기폭제가 되었다고 말할 수 있습니다.

독자 잘 알겠습니다. 감사합니다.

5·18 특별법 핵심 요약

① **정식명칭** 5·18 민주화운동 등에 관한 특별법. 법률 제5029호
로 1995년 12월 21일에 제정된 형사법.

② **주요 내용** 12·12 군사반란과 5·18 광주 민주화운동 전후에 발
생한 내란죄 및 반란죄에 대한 공소시효 정지 등을 규정. 이
법이 제정되기 5년 전에 먼저 5·18 민주화운동 관련자 보상 등
에 관한 법률이 제정되어 억울한 피해자들의 사회적, 경제적
피해를 다소나마 줄인 특별법이 있다.

③ **처벌 규정** 5·18 특별법은 제정 후, 4차 개정까지 마친 법이
다. 1심 법원은 전두환을 내란 및 반란의 수괴로 판시, 사형 판
결, 2심에서는 전두환에 관한 형은 무기징역으로 감했다. 그리
고 대법원은 범죄를 저지른 것으로 판결, 확정했다. 이로 인해
「전직대통령예우에관한법률」에 의거해 전두환, 노태우는 기
본적인 경호 이외의 전직 대통령에 대한 예우를 박탈당했다.

6장
근로기준법

임금과 근로 시간

─────── 프랑스의 위대한 철학자 알랭은 그의 저서 『행복어록』에서 "노동은 최선의 것이기도 하고, 최악의 것이기도 하다. 자유스러운 노동이라면 최선의 것이며, 노예적인 노동이라면 최악의 것"이라고 말했다. 근로의 의미를 핵심적으로 요약했다. 이 장에서는 먼저 근로조건의 기준을 규정하는 근로기준법에 앞서 우리나라 노동관계법에 대한 얼개를 살펴본 후, 왜 근로기준법은 짧은 기간 동안 39차례나 개정되었으며, 신설된 조항들에 담겨있는 쟁점을 몇 가지 논의해 보고자 한다. 근로기준법이 있었음에도 "근로기준법을 준수하라!"고 강력한 메시지를 남긴 전태일에 대한 평가를 되짚어 보겠다. 마지막으로 '우리는 아직도 은연중에 근로와 노동을 달리 생각하지는 않는가?'에 대한 근로자에 대한 인식의 차이가 무엇인지 살펴보도록 하겠다.

모든 국민은 근로의 권리와 의무를 가진다

독자   근로기준법의 의미에 대해 간략하게라도 설명을 해주셨으면 합니다.

정 변호사   자본주의 경제체제에서는 개인의 정신적, 육체적 노동이 시장을 통해 상품으로 거래되고 있습니다. 그런데 대부분 근로자는 생산수단을 가지고 있지 않습니다. 따라서 근로자는 자신의 노동력을 임금이라는 형태로 사용자에게서 받고 있지요. 만약 사용자가 생계를 유지하기 어려울 정도의 낮은 임금을 준다면, 혹은 사람의 생태적 능력으로는 견디기 힘든 오랜 시간의 근로환경을 제시한다면 어떤 현상이 발생할까요?

좀 더 진솔하게 접근해 보겠습니다. 근로자의 입장에서는 높은 임금과 짧은 근로 시간을, 사용자의 입장에서는 보다 낮은 임금과 보다 긴 근로 시간을 선호하는 것이 보편적인 생각일 것입니다. 그런데 여기서 문제가 되는 것은 사용자와 근로자의 관계는 대등한 관계가 아니라는 것이죠. 그래서 서로를 위한 상생이 필요합니다. 이 점에서 근로자의 인간다운 삶을 보장받기 위한 기준, 즉 근로조건의 설정이 필요한 것이죠.

이에 따라 우리나라 『헌법』 제2장 국민의 권리와 의무에서는 근로와 관련된 조항을 두고 있습니다. 제32조에는 모든 국민은 근로의 권리와 의무를 가진다고 명시하고 있습니다. 국가는 사회적·경제적 방법으로 근로자의 고용 증진과 적정 임금의 보장에 노력하여야 하고, 법률이 정하는 바에 의하여 최저임금제를 시행하여야 하며, 근로조건의 기준은 인간의 존엄성을 보장하도록 법률로 정하고 있습니다.

우리나라 노동관계법들

독자　일반 독자들은 근로기준법과 노동법이 좀 헷갈릴 것 같습니다.

정 변호사　우리가 일반적으로 말하는 노동법은 노동관계에 관하여 규정한 전체 법률 체계를 말합니다. 즉 사용자의 사회적·경제적 우위와 근로자의 종속관계를 전제로 하여 근로자의 권리를 보호하고 그들의 지위 향상과 노사의 실질적 평등을 도모하기 위한 것으로 노동관계법을 총칭하여 노동법이라고 부릅니다. 이 안에는 다음과 같은 법들이 담겨있습니다. 첫째, 개개 근로자의 근로자의 근로조건 최저기준을 국가의 행정감독에 의하여 보호하는 근로기준법, 둘째, 근로자의 단결·단체행동의 권리를 용인하는 단결 입법이며 쟁의조정과 쟁의행위 행사 요건을 정하는 노동조합 및 노동관계조정법, 셋째, 노동관계에 개입하여 노동관계의 조정을 임무로 하는 노동위원회법, 넷째, 근로자와 사용자가 단체협약의 해결, 근로조건에 관한 사항 등을 협의하는 근로자참여 및 협력증진에 관한 법률 등이 그것입니다. 참고로 1997년 3월 13일에 「노동조합법」과 「노동쟁의조정법」을 폐지하고 「노동조합 및 노동관계조정법」을 제정하였으며, 「노사협의회법」을 폐지하고 「근로자참여 및 협력증진에 관한 법률」을 제정하였습니다.

노동법은 1948년 정부수립 후, 5년이 지난 1953년에 제정되었습니다. 그 후 노동관계법들은 여러 차례 변화가 있었지요. 법의 폐지와 제정, 법 조항의 신설 및 삭제 등이 진행되었습니다. 이러한 배경에는 노사관계 이해당사자의 요구보다는 대부분 정치적 혹은 경제적 이유에서 비롯되었습니다. 과거 대부분의 역대 정부는 경제성장 및 국가안보를 내세워 노동운동이 정상적으로 활성화되는 것을 바람직하지 않다고 여기는 경향이 있었지요.

그러다가 1987년 6·29 선언을 계기로 노동운동이 폭발적으로 일어나는 현상이 나타났습니다. 이후 노동관계법은 기존 법 조항에 숨어 있던 규제적 성격을 완화하면서 과거와 다른 민주적 노동법 체계의 면모를 일정 수준 갖추었습니다. 현재 우리나라 노동법 체계는 삼중 구조로 이루어져 있어요. 개별적, 집단적, 협동적 노동관계법이 그것입니다. 여기서는 우리가 살펴볼 근로기준법이 전반적인 노동관계법 중에서 어디에 위치하여 있는지 살펴보는 것이 좋을 것 같습니다.

독자 크게 개별적, 집단적, 협동적 노동관계법 3가지네요?

정 변호사 그렇습니다. 개별적 노동관계법은 노동조합의 유무와는 관계없이 사업 또는 사업장에 고용된 근로자를 개별적으로 보호하기 위한 법입니다. 근로기준법, 최저임금법, 남녀고용평등법, 산업안전보건법, 선원법 등이 여기에 포함됩니다. 특히 근로기준법은 근로조건의 최저기준을 정하여 근로자 근로조건의 개선에 크게 기여했다고 평가받고 있습니다. 크게 6가지로 분류할 수 있는데요. 첫째, 퇴직 시 1년 근무에 평균 임금의 30일분 이상을 사용자가 지급하는 퇴직금제도, 둘째, 연차유급휴가와는 별도로

1개월마다 1일씩 주는 월차유급휴가제, 셋째, 여성 근로자에게 주는 유급 생리휴가, 넷째, 임금채권에 대한 우선변제, 다섯째, 법원 및 노동위원회를 통한 부당해고의 구제, 여섯째, 주휴일 또는 산전·산후휴가를 유급으로 보장하는 제도 등은 외국 입법례에서도 쉽게 찾아볼 수 없는 제도입니다.

독자   그러면 집단적 노동관계법은요?

정 변호사   노동조합 및 노동쟁의조정법이 여기에 해당합니다. 이 법은 노동조합의 설립·운영, 사용자와의 단체교섭, 쟁의행위의 보장과 제한, 노동쟁의의 조정 및 부당노동행위 등에 관해 규정한 법입니다. 그중에서 헌법에 보장된 근로자의 단결권·단체교섭권·단체행동권 행사에 사용자의 침해로부터 이를 보호하기 위한 부당노동행위 제도, 노사 간의 분쟁을 조정하고 부당노동행위구제를 주 업무로 하는 노동위원회 제도, 공익사업 등에서 쟁의행위가 발생했을 때 취할 수 있는 긴급조정제도 등이 대표적인 제도입니다.

독자   협동적 노동관계법은 노사 간의 협력관계를 증진하려는 법일 것 같습니다.

정 변호사   정답입니다. 협동적 노동관계법은 노사협의회법을 대체 입법하여 '근로자 참여 및 협력 증진에 관한 법률'이 제정되었지요. 이전 노사협의회법은 노조설립을 저지하고, 노조의 단체교섭 기능을 약화하는 역할을 한다고 인식되었지요. 따라서 노동계는 노사협의회법을 폐기하고 노사협의회가 본래의 기능을 할 수 있도록 법을 보완하자는 의견을 제기하였습니다. 이에 따라 1997년 3월 노사협의회법을 폐지하고, 근로자 참여 및 협력 증진에 관한 법률을 제정하기에 이르렀습니다.

근로기준법 신설 조항의 의미

독자   근로기준법에 대해 구체적으로 설명해 주셨으면 합니다.

정 변호사 근로기준법은 최초로는 1953년 5월 10일에 대한민국의 법률 제286호로 제정된 법입니다. 그러나 현재의 법률 제5309호로 제정된 근로기준법은 1997년 3월 13일 시행되었습니다. 이 법은 헌법에 따라 근로조건 기준을 정함으로써 근로자의 기본적 생활을 보장하고 향상하며 균형 있는 국민경제의 발전을 꾀하는 것을 목적으로 하고 있습니다. 따라서 이 법의 핵심 골자는 '근로조건의 기준이 무엇인가'라는 것입니다. 제2조에서는 몇 가지 개념을 정의하고 있습니다. 근로란 정신노동과 육체노동을 말합니다. 근로자란 직업의 종류와 관계없이 임금을 목적으로 사업이나 사업장에 근로를 제공하는 사람이며, 근로를 제공받는 사람은 사용자로서 사업주, 사업 경영 담당자 및 근로자에 관한 사항에 대하여 사업주를 위하여 행위하는 자를 말하지요. 그런데 근로기준법이 1997년 3월에 시행된 이후 최근에 개정된 2021년 현재까지 무려 39차례의 개정이 있었습니다.

독자   39차례요? 정말인가요?

정 변호사   물론입니다. 24년 동안 1년에 1.5번의 개정이 있었다는 것이지요. 이는 이 법의 미비점을 보완하려는 법적 노력으로도 볼 수 있지만, 어찌 보면 근로자의 근로조건 향상이라는 관점에서 아직도 헌법적 기본권에 미흡하다는 반증이 아닌가 생각됩니다. 특히 주목할 만한 사항은 개정 때마다 신설 조항이 상당히 축적되었다는 사실입니다. 다행인 것은 이러한 현상은 근로조건 향상이라는 '법적 수요'에 대응하기 위한 정부의 절차탁마적 노력이라 볼 수 있는 긍정적인 측면도 포함하고 있지요. 이러한 의미에서 여기서는 근로기준법이 개정되는 과정에서 신설된 조항은 어떤 것이 있었는지, 신설 조항은 근로자의 근로조건을 얼마나 두텁게 보장하고 있는지에 초점을 맞추어 개정된 주요 내용을 최근 순서별로 살펴보겠습니다. 이러한 이유는 근로기준법의 조항들이 신설된 조항뿐만 아니라 삭제되고 다듬어진 조항들이 상당수 있기 때문입니다. 그럼에도 신설된 조항을 살펴본다는 자체만으로도 우리나라 근로기준법의 면모가 어떻게 발전하고 있는지를 알 수 있는 바로미터가 된다는 판단이 있기 때문입니다. 도표의 '근로기준법 신설 조항' 내용을 참고하시면 될 것 같습니다.

근로기준법 신설 조항

법령명	시행일	신설 조항	주요 내용
법률 제18176호	2021. 11. 19.	제30조 4항 제48조 2항 제74조 9항	- 근로계약 기간 만료 등의 구제명령 - 임금대장 및 임금 명세서 교부 - 임신 여성 근로자 근로 시간 변경
법률 제18037호	2021. 10. 14.	제76조 3의 7항 제116조 1항	- 직장 내 괴롭힘 발생 사실 누설금지 - 직장 내 괴롭힘, 1천만 원 이하 과태료
법률 제15513호	2021. 1. 5.	제53조 7항	- 연장근로자에 대한 건강검진 실시
법률 제16270호	2019. 7. 16.	제6장의 2 제93조 11호 제100조의 2	- 직장 내 괴롭힘의 금지 - 직장 내 괴롭힘의 예방 및 조치 - 부속 기숙사의 유지관리 의무

법률 제12527호	2014. 3. 24.	제27조 3항 제74조 7~9항	- 해고 사유 등의 서면 통지 - 임산부의 보호
법률 제11270호	2012. 8. 2.	제43조의 2, 3 제44조 1항 단서 제74조 2항	- 체불사업주 명단 공개 - 도급 사업 시 상위수급자 연대책임 - 출산 전후 휴가의 허용
법률 제8960호	2008. 7. 1.	제74조의 2 제79조 2항	- 태아 검진 시간의 허용 - 요양 중 근로자에 대한 휴업보상
법률 제8781호	2008. 6. 22.	제14조의 2 제18조의 2 제19조의 2, 3 제22조의 3	- 취업규칙의 게시 - 단시간 근로자의 근로조건 - 근로조건 위반 시 손해배상 청구권 - 강제저금 규정 계약의 금지
법률 제8561호	2008. 1. 28.	제44조의 3	- 건설공사 도급 시 임금 관련 특례
법률 제8293호	2007. 7. 1.	제32조의 2 제33조 3의 3항 제110조 제113조의 2	- 구제명령 등의 효력 - 사용자에 대한 이행강제금 부과 - 벌금에 대한 벌칙 - 벌금에 대한 벌칙
법률 제7465호	2005. 7. 1.	제36조의 2 제96조 7호의 2	- 사용자의 금품 청산 및 지급 - 단체협약의 준수
법률 제6974호	2003. 9. 15.	제55조의 2 제59조의 2	- 유급 휴일의 보장 - 근로 시간 및 휴게시간의 특례
법률 제5510호	1998. 2. 20.	제31조의 2	- 구제명령 확정에 따른 재심 신청
법률 제5309호	1997. 3. 13.	신규 제정	- 근로조건 기준의 규정

해고, 최저임금, 근로 시간, 그리고 괴롭힘

독자 법 개정이 많다는 것은 그만큼 문제점도 많다는 얘기일 텐데요.

정 변호사 옳은 지적입니다. 앞으로도 숙제가 많다는 얘기죠. 근로 기준법의 개정 과정에서 신설된 조항들을 앞의 도표로 표시해 보았는데, 짐작하셨겠지만 이러한 신설 조항은 근로조건의 개선을 위한 노력이자 근로자의 권리를 두텁게 보장하려는 방안이기도 합니다. 여기서는 개정 내용에서 첫째, 근로계약의 체결과 종료, 둘째, 최저임금, 셋째, 근로 시간, 넷째, 직장 내 괴롭힘의 금지 등 굵직한 이슈들을 간단히 살펴보도록 하겠습니다. 먼저, 한 가지 질문을 드리도록 하겠습니다. 만약 자신이 취직한 회사에서 업무 성과가 좋지 않다고 전화, 문자메시지 혹은 SNS를 통하여 '해고를 통보합니다'라는 내용을 통보받았다면 어떻게 해야 할까요?

독자 특별히 대응할 방법은 모르겠고, 그대로 받아들일 수밖에 없을 것 같은데요. 불법인가요?

정 변호사 불법입니다. 대법원 판례(2011. 10. 27. 선고 2011다42324)에 따르면 문서에 의하지 않은 해고 통지는 무효, 즉 효력이 없습니다. 판례는 사용자가 해고 사유를 서면으로 통지할 경우 근로자의 해고 사유가 무엇인지를 구체적으로 알 수 있어야 하고, 특히 징계해고의 경우에는 해고의 실질적 사유가 되는 비위 내용을 기재하여야 합니다. 징계 대상자가 위반한 취업규칙의 조문만 나열하는 것으로는 충분하지 않다고 명시하고 있습니다.

근로기준법 제2장은 근로계약에 관한 규정입니다. 근로계약 중에서 가장 중요한 부분은 해고 규정입니다. 해고는 근로자의 의사와 관계없이 사용자의 일방적인 의사표시에 의해 근로관계를 종료하는 법률행위입니다. 문제는 해고가 근로자의 생존권과 직결된다는 점입니다. 따라서 근로기준법은 근로자를 보호하기 위해 해고의 사유와 기준을 정하고 있습니다. 해고의 종류는 두 가지가 있습니다. 하나는 근로자 측의 사유에 따른 정당한 해고입니다. 통상해고, 징계해고가 이에 해당합니다. 다른 하나는 경영상 긴박한 필요에 따른 정리해고가 있지요.

독자 첫 번째 주제인 '근로계약의 체결과 종료' 문제의 핵심은 해고의 문제로군요.

정 변호사 정확하게 지적하셨습니다. 사업주가 근로자를 해고하려면 30일 전에 근로자에게 예고를 해야 합니다. 이 점이 매우 중요합니다. 이를 지키지 않을 경우 30일분 이상의 통상임금을 지급하여야 합니다. 또한 사용자가 근로자를 해고하려면 해고 사유와 해고 시기를 명시한 서면 통지를 반드시 하여야 효력이 있습니다. 근로자의 경우 해고가 부당하다고 판단되면 노동위원회나 법원에 해고의 취소를 청구할 수 있습니다. 그런데 여기서 더 큰 문제가 되는 것은 부당해고입니다. 근로기준법에서는 해고의 조건으로 정당한 이유와 법에 따른 절차와 형식을 요구하고 있지요. 만일 정당한 이유가 아니거나, 정당한 절차를 거치지 않은 해고의 경우에 이를 부당해고라고 합니다. 정당한 이유 없는 해고는 무효입니다. 이러한 경우 근로관계는 지속되며, 복직 청구가 가능하지요. 또한 그동안 받지 못한 임금도 청구할 수 있습니다. 부당해고를 당했다면 당사자는 노동위원회에 부당해고 구제신청을 할 수 있고, 법원에 해고무효 확인 소송을 통하여 구제받을 수 있습니다.

독자   잘 알겠습니다. 다음은 최저임금의 논란이겠네요. 그다음은 근로 시간과 직장 내 괴롭힘의 금지 순이고요.

정 변호사   내용 파악이 빠르시네요.

독자   그것보다는 근로기준법의 논란이 많지만, 내용은 좀 단순해 보입니다.

정 변호사 맞습니다. 천편일률적이지만 사안마다 민감하다는 뜻도 있습니다. 하루에 몇 시간을 일하면서 노동의 대가인 임금을 얼마나 받아야 할 것인가는 근로자에게 가장 중요한 문제입니다. 근로기준법 제3장과 4장에서는 임금과 근로 시간을 규정하고 있지요. 임금이란 근로의 대가로 사용자가 근로자에게 임금, 봉급 등으로 지급하는 일체의 금품입니다. 최저임금법은 사용자가 최저수준 이상의 임금을 근로자에게 지급하도록 강제하고 있지요. 이는 임금의 최저수준을 보장하여 근로자의 생활 안정과 노동력의 질적 향상을 기하려 하기 때문입니다. 이것이 2020년 5월 26일 법률 제17326호로 시행된 최저임금법의 제정 목적입니다. 근로기준법에 명시하고 있는 임금 관련 규정과 함께 최저임금법은 근로자의 임금 지급에 대한 권리를 두텁게 보장하고 있습니다.

따라서 사용자는 근로자에게 고용노동부 장관이 매년 결정하여 고시한 최저임금액 이상의 임금을 지급하여야 합니다. 따라서 최저임금액에 못 미치는 임금을 지급하기로 한 계약은 무효가 되지요. 이러한 문제가 발생하면 사용자에게 징역이나 벌금을 부과할 수 있습니다. 그런데 이와 성격을 달리하는 경우가 있습니다. 회사가 경영 사정이 악화하여 도산하는 등의 사유로 근로자에게 임금을 지불할 수 없게 되는 경우입니다.

독자　변호사로서 체불임금이 발생한다면, 근로자가 할 수 있는 가장 효과적이고 최선의 방법은 무엇일까요?

정 변호사　체불임금이 발생한 경우 회사는 근로자의 임금을 보호하기 위해 근로자가 가지고 있는 채권을 다른 채권에 우선하여 변제하여야 합니다. 이미 근로자가 퇴직한 경우에는 근로자는 국가로부터 임금 및 퇴직급여에 대하여 체당금을 받을 수 있습니다. 체당금 제도란 산업재해보상보험법을 적용받는 사업주가 도산하는 경우 임금 및 퇴직금을 받지 못한 근로자에게 사업주를 대신하여 국가가 지급하는 것을 말합니다.

독자　국가가 대신 체불임금을 지급한다는 체당금 제도는 근로자로서는 꼭 기억해 두어야 할 것 같습니다. 최근 정부에서 제기한 근로 시간의 논란도 근로자로서는 큰 이슈입니다.

정 변호사　'9 to 5!' 미국 가수 돌리 파튼의 노래이면서 1980년 개봉한 코미디 영화의 제목이기도 하죠. 오전 9시부터 오후 5시까지가 직장인의 일반적 근무 시간입니다. 산업화사회의 전형적 근무 형태이지요. 우리나라 공무원의 근무 시간도 평일 5일 동안 오전 9시부터 오후 6시까지입니다. 점심 식사 시간인 1시간을 제외하면 총 8시간이지요. 근로기준법 제50조에 따르면 1주간의 휴식 시간을 제외하고 40시간을 초과할 수 없으며, 하루 근로 시간은 휴식 시간을 제외하고 8시간을 초과할 수 없도록 규정되어 있습니다.

그런데 서비스산업이 발달하고, 업무 성과에 비중을 두는 경향이 짙어지면서 주 5일 하루 8시간씩 일정한 장소에서 근무하던 형태가 점차 유연한 근무 방식으로 바뀌고 있습니다. 이를 통틀어 유연근로시간제라 부르고 있지요. 이러한 추세에 따라 근로기준법은 업무 특성 및 근로자의 상황 등을 반영하여 다양한 형태로 근무할 수 있는 탄력적·선택적·재량적 근로시간제도를 도입하였습니다.

탄력적 근로시간제는 일정 기간 평균 근로 시간이 1주 40시간을 초과하지 않으면 특정한 날에 근무 시간을 초과하더라도 법정 근무 시간을 준수한 것으로 보는 제도입니다. 여기서 일정 기간이란 2주 혹은 3개월 이내의 총 평균 근로 시간을 의미합니다. 탄력적 근로시간제가 활용되는 업종으로는 업무량이 계절적으로 혹은 주기적으로 많은 업종, 기계를 계속 가동하기 위해 근로가 계속 필요한 업종, 근로 시간을 연속하는 것이 효율적인 업종 등이 있습니다.

선택적 근로시간제는 근로자와 사용자가 합의하여 1개월 이내에 평균 근로 시간이 주당 40시간을 초과하지 않는 범위에서 근로자 자신이 1주 또는 1일의 업무시간을 선택할 수 있는 제도입니다. 이 제도가 적용 가능한 직무로서 고용노동부는 근로 시간에 따라 업무량에 편차가 있는 소프트웨어 개발, 금융거래, 디자인 및 연구설계인 업종 등에 선택적 근로시간제 적용이 가능하다고 권고하고 있습니다.

재량적 근로시간제도 역시 유연근로시간제의 한 형태입니다. 그런데 재량적 근로시간제는 탄력적·선택적 근로시간제와는 달리 일정한 업무를 수행하는 근로자에게만 적용됩니다. 구체적으로 신상품 또는 신기술의 연구개발, 정보처리시스템의 설계·분석 및 기사의 취재·편성·편집 등과 같이 업무의 성질이 고려되는 경우에는 업무수행 방법을 근로자의 재량에 위임하여 근로기준법 제58조 3항에 따라 결정하도록 하고 있습니다.

독자 최근 정부에서 강조하고 있는 주 52시간제가 논란의 중심에 있었습니다.

정 변호사 근로기준법 제50조에 따르면 1주간의 휴식 시간을 제외하고 40시간을 초과할 수 없다고 규정하고 있음에도, 40시간이 아닌 52시간은 도대체 무슨 말일까요? 이는 근로기준법 제53조의 연장근로의 제한에 따른 규정으로 '당사자 간에 합의하면 1주 동안 12시간을 한도로 근로 시간을 연장할 수 있다'라는 것입니다. 즉 1주에 허용되는 최대 근로 시간은 52시간이며, 이를 위반할 경우에는 형사처벌을 받을 수 있습니다.

독자 그런데 2023년 3월 현재 '주 최대 69시간 근무'라는 정부 근로 시간 개편안이 발표되었습니다. 이를 두고 노사 입장이 엇갈리는 상황이 벌어지고 있습니다.

정 변호사 정부 개편안의 골자는 '바쁠 땐 주 69시간씩 일하고, 쉴 땐 눈치 안 보고 장기휴가'를 가라는 취지입니다. 그런데 이를 산술적으로 계산해 보면, 9.86시간 거의 10시간씩 휴일 없이 일주일 내내 근로를 한다는 것이지요. 이에 대하여 한국노총과 민주노총은 '초장시간 압축노동 조장법'이라고 하는 반면에 한국경영자총협회는 '낡은 법제도 개선이자 노동 개혁 출발점'이라는 의미를 부여하고 있습니다. 지금은 잠정적인 정부의 근로 시간 개편안입니다. 그러나 이 정책 사안도 근로자에 대한 근로 기준의 설정이라는 점에서는 더욱 많은 논의가 필요할 것이 분명합니다.

독자　　새로운 개정안에 직장 내 괴롭힘의 금지라는 게 포함된 것이 특이합니다.

정 변호사　2019년 1월에 근로기준법 제6장의 2가 신설되었습니다. 방금 말씀하신 '직장 내 괴롭힘의 금지'입니다. 다소 늦은 감이 없지 않습니다만 근로 기준의 면모를 갖추어 가는 바람직한 결과라고 생각합니다. 직장 내 괴롭힘은 사용자 또는 근로자가 직장에서의 지위 또는 관계 등의 우위를 이용, 다른 근로자에게 업무상 적정범위를 넘어 신체적 정신적 고통을 주거나 근무 환경을 악화시키는 행위를 말합니다. 직장 내 괴롭힘이 발생한 경우 누구나 이를 사용자에게 신고할 수 있도록 하고, 사용자가 조사한 후 그 결과에 따라 적절한 조치를 하도록 규정하고 있지요. 그런데 2021년 4월 또 한 차례 개정이 있었지요.

독자　　아, 그랬던가요?

정 변호사　이 개정에서는 현행법이 사용자 또는 그의 친인척인 근로자가 직장 내 괴롭힘 가해자인 경우에는 사용자의 조치 의무를 기대하기 어렵고, 사용자가 조치 의무를 이행하지 않은 경우 제재 규정이 없어 직장 내 괴롭힘 금지제도의 실효성을 담보하지 못하고 있다는 국가인권위원회의 지적이 있었습니다. 이에 따라 사용자에게 당사자 등을 대상으로 객관적인 조사를 하도록 하고, 사용자 등이 직장 내 괴롭힘 행위를 하거나 조치 의무를 이행하지 않은 경우 과태료를 부과하는 등 제재 규정과 조사 과정에서 알게 된 비밀 누설 금지 의무 조항을 신설하여 제도적 실효성을 높이고 있지요.

독자 간단한 문제가 아니네요. 노사의 문제도 있지만 직장 내 직원들 간의 갈등도 여러 면에서 매우 심각한 문제로 보입니다.

정 변호사 직장 내 괴롭힘을 영어로는 'workplace bullying'라고 합니다. 그런데 이러한 문제가 지속되면 피해자의 소진(burn out)상태가 일어나지요. 미국의 직장 내 괴롭힘 협회(Workplace Bullying Institute)의 조사 결과에 따르면 전체 근로자의 27%가 직장 내 괴롭힘을 당한 경험이 있으며, 72%는 자신이 근무하는 직장 내 괴롭힘이 있다고 합니다. 또한 직장 내 괴롭힘을 경험한 전체 피해자의 60%가 여성이고, 여성이 같은 여성을 괴롭히는 사례도 68%

로 나오고 있지요. 또한 직장 내 괴롭힘이 많이 발생하는 업종은 보건 계열이며, 특히 간호사들이 직장 내 괴롭힘을 더 많이 경험하는 것으로 보고되었지요. 우리나라 또한 예외가 아닙니다. 이러한 현상이 종종 기사화된다는 점에서 많은 시사점을 던지고 있습니다. 특히 간호사의 직장 내 괴롭힘은 개인의 문제이기보다는 위계적 혹은 방관적인 조직문화에 의해 발생하는 것으로 알려져 있습니다. 직접적인 신체적 폭력보다는 언어폭력이나 업무와 관련하여 은연중에 발생하게 되는 경우가 많지요. 그런데 어느 직종이건 간에 지속적인 직장 내 괴롭힘은 괴롭힘을 경험한 사람들의 신체적, 심리적, 사회적 건강 상태에 심각한 부정적인 영향을 줄 수 있습니다. 괴롭힘을 당한 피해자의 이러한 부정적 경험은 근로자의 근무 역량을 떨어뜨리고, 직장을 그만두는 등 사회비용의 요인으로 작용한다는 점이 가장 문제가 됩니다.

전태일, 정부는 근로기준법을 준수하라

독자 근로기준법을 떠올릴 때마다 근현대사에서 가장 먼저 떠

오르는 인물이 있지요?

정 변호사 우리나라 근로기준법은 제법 면모를 갖추었습니다. 이제
어느 수준의 정착기에 접어들었지요. 그렇다면 이런 단
초가 된 사건은 무엇이었을까요? 그 당시에도 근로기준
법이 있었습니다. 말씀하신 인물의 행적을 밟아보겠습니
다. 1948년 9월 28일에 태어나 1970년 11월 13일, 재봉사
로서 22세의 나이로 삶의 궤적을 마친 그는 짧은 인생 속
에서도 노동운동가, 인권운동가로 평가받고 있습니다.
그가 전태일입니다. 그는 서울 동대문구 청계천에 있던
평화시장에서 분신자살했습니다. 정규 교육을 받지 못한
전태일은 서울로 올라와 청계천 피복 공장에 취직했습니
다. 1965년 청계천 삼일 회사 재봉사로 일하다가 강제 해
고된 여공을 도왔다는 이유로 해고되었지요. 1968년 그
는 근로기준법의 존재를 알게 됩니다. 1969년 노동청을
방문하여 노동자들의 열악한 환경 개선을 요구하였으나
매번 거절당했습니다.

1969년 6월 그는 청계천 단지에서 노동자들의 노동운동
조직인 바보회를 결성하고, 노동운동을 주도했습니다.
그 기간 중 그는 동대문구청과 서울시의 근로감독관과
노동청을 찾아가 열악하고 위험한 노동환경 개선을 계

속 요구했으나 묵살 당하는 일이 많았지요. 1970년 10월에 이르러 이제 그는 본격적으로 근로조건 개선을 위한 시위를 주도하였습니다. 11월 근로기준법 화형식과 함께 평화시장 입구에서 휘발유를 뿌리고 온몸에 불길을 뒤엎은 채로 그는 평화시장을 뛰어다녔습니다. "근로기준법을 준수하라."는 구호를 연신 외쳤지만, 그것이 끝이었습니다. 그의 죽음을 계기로 그해 11월 27일 청계피복노동조합이 결성되고, 노동운동이 확산하였습니다.

노동계에서는 전태일의 분신 이후 평화시장에 청계피복노동조합이 결성되면서 다른 작업장에서도 노동조합이 결성되는 계기가 마련되었지요. 전태일이 말한 "노동자는 기계가 아니라 사람이다."라고 외치면서 사망한 사건은 당연히 노동계에 큰 영향을 주어 본격적인 노동운동의 시발점이 되었습니다. 회사의 착취와 해고를 당하면서도 단결하여 투쟁할 생각조차 못 하던 노동자들이 죽어가면서 노동자들의 비참한 현실을 고발한 전태일 열사를 보면서 각성한 것입니다.

당시 기본적 인권을 존중받지 못하는 노동자들의 삶을 고발한 그의 죽음은 사회적으로 큰 반향을 일으켰습니다. 1972년 기독청년 전태일 1주기 추도식은 1980년대에 이르러 노동운동가 전태일 추도식으로 변경되었습니다. 1981년 서울에서는 노동운동가를 중심으로 전태일기념사업회가 조직되었고, 이후 전태일재단이 조직되어 '전태일문학상'과 '전태일노동상'을 제정하여 수여하기 시작하였지요. 1988년 11월 전태일을 기념하기 위한 '전태일 정신 계승 전국 노동자 대회'가 서울에서 개최되어 매년 11월 전국 노동자 대회가 열리고 있습니다. 2002년 민주화운동 관련자 명예 회복 및 보상심의위원회에서는 전태일을 민주화운동 관련자로 승인하였습니다. 2019년 4월 30일, 서울특별시 종로구에서 전태일 기념관을 개관하였습니다.

근로와 노동은 다른가?

독자   궁금한 게 있는데요, 근로와 노동은 그 의미가 다른가요?

정 변호사   사전적 의미로 근로는 부지런히 일하는 것을, 노동은 생활에 필요한 물자를 얻기 위하여 육체적, 정신적 노력을 들이는 행위라고 합니다. 혹자는 그게 그것 아니냐고 말하기도 합니다. 그런데 비슷한 것 같지만 그렇지 않다는 것이죠, 이 두 단어에는 정치·경제·사회적 맥락이 담겨 있습니다. 즉 '잘 먹고, 잘 산다'라는 인식이 다르기 때문입니다. 먼저 떡판을 더 키워서 떡을 많이 찧자는 주장이 있는 반면에 그것보다는 찧은 떡을 좀 더 잘 나누자는 주장이 갈리듯이요. 그러나 다행히도 '근로와 노동'에 관한 한 우리 사회의 긍정적인 변화를 읽을 수 있습니다. 정부 부처의 기관명이나 직업적 호칭을 예로 들어보겠습니다. 2010년 출범한 고용노동부의 앞선 명칭은 노동부였습니다. 1963년의 노동청이 1981년 노동부로 승격되었지요. 노사분규, 근로감독, 고용정책, 근로자의 건강 보호 등의 중요성이 커졌기 때문입니다. 또한 예전의 직업적 호칭도 많이 바뀌었습니다. 청소부는 환경미화원으로, 간호원은 간호사로, 우편 배달부는 우체부로, 행정 공무원 6급 이하는 모두 주무관으로 바꿔 부르고 있습니다. 이들은 모두 근로자입니다. 노동부가 고용노동부로 바뀌어 사회적 수요를 따라가는 것처럼 직업적 호칭이 바뀐 맥락도 근로자의 권익 향상을 위한 우리들의 관심이 그만큼 커진 결과입니다.

독자   말씀을 듣고 보니 그렇군요.

정 변호사   근로자의 노동은 사용자의 자본과 더불어 경제질서를 구성하는 중요한 요소입니다. 근로자의 권리는 사회적 기본권의 중요한 한 축입니다. 근로자에 대한 권리 보호 또한 사회 발전에 불가결한 원리입니다. 그런데 근로자의 삶의 질을 높이는 것은 근로자 개개인의 노력만으로는 쉽게 이루어지지 않습니다. 근로자와 사업주가 모두 건강한 약속을 성실히 수행해야만 상생의 일터를 만들 수 있습니다. 근로 기준이란 그러한 의미입니다.

독자   요약해 주셔서 감사합니다.

근로기준법 핵심 요약

① **정식명칭** 근로기준법

② **연혁** 근로기준법은 1997년 3월 13일 시행. 2021년 현재까지 39차례 개정. 24년 동안 1년에 1.5번의 개정.

③ **처벌 규정** 제108조의 벌칙은 근로감독관에 관한 처벌. 제115조는 양벌규정을 두어 사업주뿐만 아니라 그 행위자까지도 처벌하도록 규정. 위반의 수위가 약한 경우에는 제116조에 의거 과태료(행정처분) 부과. 직장 내 괴롭힘에 대한 규정은 형사처벌이 아닌 행정처분이 많음. 위반 규정에 따라 500만 원 이하 벌금부터 5년 이하의 징역 또는 5천만 원 이하의 벌금.

④ **공소시효** 소멸시효와는 무관하게 범죄발생일(퇴직일로부터 15일 되는 날)로부터 임금 체불 공소시효 기간인 3년이 경과하면 완성.

7장
집시법

모든 국민은 집회·결사의 자유를 가진다

———— 『헌법』 제21조 1항에는 '모든 국민은 집회·결사의 자유를 가진다'라고 명시하고 있다. 기본권으로서의 표현의 자유를 두텁게 보장한다는 의미다. 그러나 '집회 및 시위에 관한 법률'에서는 집회의 자유가 무한정으로 펼쳐져 있는 것은 아니다. 수인 한도라는 기준에 따라 금지 조항도 포함되어 있기 때문이다.

이번 장에서는 우리나라 집시법이 어떤 과정을 거쳐 왔으며, 그중 주목할 만한 개정에는 어떤 내용이 담겨있는지 살펴보고자 한다. 특히, 집시법과 관련하여 세계적 팬더믹인 Covid-19에 대해서 서로 다른 판결을 한 법원의 두 사례를 비교해 보았다. 촛불집회의 유래는 어디서 출발하였으며, 어떤 촛불집회가 있었는지, 그리고 집시법의 이슈로 지적되는 소음집회와 맞불집회에 대해서도 살펴보겠다.

유사한 상황, 다른 판결!

독자 이번 장에서는 집시법에 대해 궁금한 점을 여쭤보겠습니다. 국민이라면 누구나 집회와 결사의 자유가 있습니다. 최근 집시법과 관련하여 주목할 만한 사건이 있었을까요?

정 변호사 우리의 기억을 2020년 8월 15일 광복절 집회로 되돌려 보겠습니다. 이 사건은 법원이 10인 이상 집회를 허용하면서 엄청난 파장을 일으켰습니다. 당시 광복절 집회 참여자 2만 8,336명 중 코로나 확진자는 280명으로 1%에 그쳐 통상적인 인구 양성반응률과 큰 차이를 보이지 않았습니다. 그러나 광복절 이후 코로나 확진자가 급격히 늘어나면서 해당 결정을 한 서울행정법원 재판부는 엄청난 비난을 받았지요. 사랑제일교회 목사 전광훈은 당일 교회 신자와 함께 서울 광화문역 인근에서 문재인 대통령 퇴진을 요구하는 집회를 열었습니다. 당시 서울시는 집회 금지 명령을 내렸으나, 법원이 서울 종로구 동화면세점 앞 등 2곳을 집회 장소로 허가하면서 광화문역 인근에 교회 신도 등이 운집하는 사태를 낳았습니다. 전 목사는 방역 당국의 자가격리 조치를 어기면서까지 집회에 참석했습니다. 문제는 이들의 집회 이후 그 교회 신도들을 중심으로 코로나19 확진자가 급증하면서, 2020년 8월 26일 확진자는 서울에서만 일일 154명으로 종전 최다 수치를 보이기도 했습니다.

그 후 서울중앙지법 형사25-3부는 15일 집회 및 시위에 관한 법률 위반, 감염병예방법 위반 등 혐의로 기소된 전 목사에게 징역 1년 6개월에 집행유예 3년, 벌금 450만 원을 선고했습니다. 재판부는 "당시 코로나19로 전 국민의 활동이 제약되고 수많은 의료진과 공무원이 헌신적 노력을 기울이던 상황"이었으며 "금지 조치로 집회의 자유가 침해됐으나 공공복리를 위해 불가피한 조치"였다고 설명했습니다. 이어서 "이 같은 상황임에도 국민적 노력과 희생을 도외시한 점에 비춰볼 때 피고인들의 죄책이 무겁다."라고 판시했습니다. 2020년 광복절 집회 이후 서울행정법원은 개천절 집회를 포함한 대부분의 집회 금지처분 집행정지 사건에 대해 '기각' 결정을 내렸습니다. 2021년 9월부터 본격적으로 집회 금지처분에 대한 법원의 결정이 바뀌었습니다. 이러한 변화는 코로나 백신 접종자가 계속 늘어나고, 감염자 수가 줄어드는 객관적 환경이 변했기 때문입니다.

독자 아, 그렇군요. 법도 지나치게 경직된 것이 아니라 환경변화에 호응한다는 뜻으로 해석해도 될까요?

정 변호사 특별법이 시대의 변화에 가장 탄력적이라고 봐야 할 것 같습니다. 2019년 중국발 코로나바이러스가 전 세계를 강타한 후 우리나라도 많은 사회적 변화가 있었지요. 학교에서는 비대면 수업이 진행되고, 야외에서도 마스크를 쓰고, 직장인의 점심시간에도 백신을 맞은 손님만 출입하는 등 감염자 확증에 따른 유례없는 상황이 벌어졌습니다. 감염병을 이유로 한 집회·시위 금지 조치가 법원에서 다뤄진 것은 국내 코로나19 확산 초기였던 2020년 2월이 처음입니다. 2009년 신종플루와 2015년 메르스 등의 감염병 확산 위기 당시에는 없던 상황이지요. 2021년 12월 30일 CBS 노컷뉴스가 '감염병'과 '집회'를 동시 키워드로 검색한 집행정지(가처분) 결정문 70건을 입수하여 분석한 결과는 코로나 집회 금지 처분에 대한 집행정지 사건들을 잘 보여주고 있습니다. 2021년 9월 이전까지 49건 가운데 법원이 집행정지 인용을 통해 집회·시위를 보장(인용)한 사례는 14건입니다. 즉 집회를 신청한 나머지 71%인 35건은 모두 기각된 셈이죠. 해당 사건들은 시·구청이나 경찰 등 행정기관에서 옥외집회를 금지하는 처분을 내리자, 집회 주최 측이 금지처분의 효력을 멈춰달라고 법원에 신청한 것이죠. 반면에 2021년 9월 첫째 주 이후 위드코로나 직전인 10월까지 접수된 21건은 모두 집행정지 인용(집회 허용) 결정이 나왔습니다. 왜 이러한 상반된 결정이 나왔을까요?

독자 그 점이 궁금해요.

코로나 집회 금지 처분에 대한 집행정지 사건

법원 결정	기각(집회 금지)	인용(집회 허용)
2020년 2월	35건	14건
2021년 9월	-	21건

정 변호사 집회의 중요한 법적 기능은 힘없고 약한 사람들 혹은 벼랑 끝에 내몰린 소수자들의 목소리라는 것입니다. 이는 생존권이자 민주주의를 지탱하는 핵심 기본권이죠. 법원은 긴급성을 요하는 집행정지 사건을 다룰 경우 신청인이 해당 행정처분으로 인해 입게 될 '회복하기 어려운 손해'와 그 처분의 효력을 중단함에 따라 '공공복리'에 미칠 중대한 우려를 함께 고려하게 됩니다. 2010년 대법원

판례에서는 "회복하기 어려운 손해와 공공복리 양자를 비교하여 전자를 희생하더라도 후자를 옹호해야 할 필요가 있는지 여부에 따라 상대적·개별적으로 판단해야 한다."라고 집행정지 사건의 판단 기준을 제시한 바 있습니다. 이처럼 법원은 기본권을 사수해야 할 최후의 보루입니다. 그런데 코로나19가 유행한 이래 기본권 침해로 인한 '회복하기 어려운 손해'와 코로나 확산으로 인한 '공공복리'의 위협을 저울질하는 과정에서 법원조차 일관적인 원칙을 세우지 못하였다는 지적이 있었지요. 여기서 우리는 코로나19로 인한 집시권의 침해가 법원에서 얼마나 인용 혹은 기각되었는지, 그리고 법원 결정의 사유들이 얼마나 타당하였는지, 이러한 팬더믹과 기본권이 부딪힐 경우 우리가 대응해야 할 방향은 무엇인지를 결정하는 것이 그리 간단하지 않다는 것을 알 수 있습니다. "공공복리에 대한 위협을 판단할 객관적·과학적 사실에 대해서도 판사가 어떤 기준에 얼마만큼의 사회적 가중치를 부여하고 어떻게 해석하느냐에 따라 사법적 판단이 달라진다."라는 어느 법조인의 말을 한 번 되새겨 볼 필요가 있습니다.

집회·결사의 자유: 집시법의 연혁과 특징

독자   그러면 집시법에 대해 전반적인 소개를 해주셨으면 합니다.

정 변호사   집시법의 공식 명칭은 '집회 및 시위에 관한 법률'입니다. 이 법은 1963년 1월 제정된 이후로 16번의 개정을 했습니다. 법규에 맞는 집회 및 시위를 최대한 보장하되, 법규를 어긴 시위로부터 국민을 보호함으로써 집회 및 시위의 권리 보장과 공공의 안녕질서가 적절히 조화로울 수 있도록 한다는 것이 제정 이유입니다. 그러나 과연 집회 및 시위의 권리를 보장하면서 사회의 안녕질서가 조화롭게 이루어지고 있을까요? 집시법은 전부 개정 2번, 일부개정 7번, 타법 개정 7번을 거쳤습니다. 빈번히 이루어진 개정을 주목한다면, 1988년부터 1991년까지 4차~7차 개정이 있었고, 10차~13차 개정까지는 2004년부터 2007년도에 이루어졌습니다. 대충 짐작이 되겠지만 이 기간은 우리나라의 중요한 획기적 사건들이 많았을 때입니다. 특히 주목할 만한 개정은 5차·10차·12차·14차·15차 개정입니다.

독자   당시 개정의 특징을 요약해 주셨으면 합니다.

정 변호사 간략히 그 특징만 살펴보겠습니다. 1988년 6·29선언 이후 대통령 선거 직선제가 발표되었지요. 이에 따라 집회 및 시위의 자유를 진정한 기본권으로 신장시키기 위해 현행법의 추상성에 따른 남용의 여지가 있는 조항에 대한 절차적 적정성을 확보하는 5차 개정이 이루어졌습니다. 전부 개정된 집시법은 다음 해인 1989년 4월에 시행되었지요. 2004년 1월 일부가 개정된 집시법에서는 평화적이고 건전한 선진국형 집회·시위 문화를 정착시키고, 집회로 인한 시민의 불편을 최소화하기 위하여 현행 제도에서 나타난 미비점을 개선하였습니다. 특히 10차 개정에서는 고의적인 장기독점 형태의 집회·시위 문화를 개선하려는 내용이 담겼습니다. 이러한 집회를 일명 '유령 집회' 혹은 '알 박기 집회'라고도 하는데 집회·시위의 주요한 이슈에서 좀 더 자세히 알아보겠습니다.

2007년 5월 전부 개정된 12차 개정의 요지는 법 문장의 한글화입니다. 즉 법적 간결성·함축성과 조화를 이루는 범위에서 법 문장의 표기를 한글화하고 어려운 용어를 쉬운 우리말로 풀어쓰며 복잡한 문장은 체계를 정리하려는 취지의 개정입니다. 2017년 1월의 14차 개정은 현행법에서는 옥외집회 또는 시위의 시간과 장소가 중복되는

2개 이상의 신고가 있는 경우 그 목적으로 보아 상반되거나 방해가 된다고 인정되면 뒤에 접수된 집회 또는 시위에 대하여 금지를 통고할 수 있도록 하고 있었습니다. 그런데 이러한 규정을 악용하여 실제로는 집회 또는 시위할 의도가 없으면서도 다른 사람의 집회 또는 시위를 방해할 목적으로 신고만 하고 실제로는 집회 또는 시위를 개최하지 않는 사례가 빈번하게 발생하였지요. 이에 따라 허위 집회신고 남발을 막고 나중에 접수된 집회 또는 시위의 개최를 보장하려는 개정입니다.

독자 법을 위한 법 개정이었네요.

정 변호사 그 말씀도 맞네요. 15차 개정은 2020년 6월부터 시행되었습니다. 헌법재판소는 국회의사당, 국무총리 공관 및 각급 법원의 경계 지점으로부터 100미터 이내의 장소에서 옥외집회 및 시위를 금지하는 규정에 대하여 헌법불합치 결정을 하였지요. 집회·시위의 자유는 헌법상 기본권으로 의사 표현의 수단이며 특히 소수 집단에는 의사 표현의 통로가 된다는 점에서 '민주주의의 필수적인 요소이지만, 집회·시위는 집단적 행동을 수반하므로 타인의 법익을 침해하거나 공공의 안녕질서와 충돌할 수 있기 때문에 집회·시위의 자유와 공공의 안녕질서가 적절한 조화를 모색하는 것이 필요하다'라는 헌법재판소 결정이 내려졌지요. 이 취지에 따라 국회의사당, 국무총리 공관, 각급 법원, 헌법재판소의 경계 지점으로부터 100미터 이내의 장소에서 집회·시위를 예외적으로 허용하도록 옥외집회 및 시위의 금지 장소에 관한 규정을 개정함으로써 집회·시위의 자유와 공공의 안녕 질서의 조화를 도모하는 개정이 이루어졌습니다.

집시법 제·개정 주요 연혁

	법률명	시행일	개정 이유	주요 내용
제정	법률 제1245호	1963. 1. 1.	신규 제정	- 법률 제554호와 제713호 통합
5차 개정	법률 제4095호	1989. 4. 29.	전부 개정	- 집회 및 시위의 규제에 대한 절차적 적정성의 확보
9차 개정	법률 제5985호	1999. 5. 24.	일부개정	- 금지 통고의 이의신청 간소화 - 질서유지선의 설정
10차 개정	법률 제7123호	2004. 1. 29.	일부개정	- 선진국형 집회 시위문화 정착 - 장기독점 시위 집회 개선
12차 개정	법률 제8424호	2007. 5. 11.	전부 개정	- 법 문장 표기의 한글화
14차 개정	법률 제13834호	2017. 1. 28.	일부개정	- 고의적 중복집회의 철회 통고
15차 개정	법률 제17393호	2020. 6. 9.	일부개정	- 옥외집회에 관한 금지규정의 헌법불합치 결정
16차 개정	법률 제17689호	2021. 1. 1.	타법 개정	- 경찰법 전부 개정에 따른 개정

촛불집회의 원조 벨벳혁명(Velvet Revolution)

독자　노동자, 혹은 약자를 위한 폭력성을 띤 시위와 집회도 있었지만, 세계적으로도 주목을 받았던 촛불집회를 짚고 넘어가야 할 것 같은데요.

정 변호사　맞습니다. 촛불집회는 말 그대로 시민들이 촛불을 든 시위입니다. 비폭력적인 평화시위 혹은 추모 형식으로 이루어집니다. 그렇다면 촛불집회는 어디서 유래했을까요? 이를 알아보기 위해 35년 전 일어난 벨벳혁명으로 거슬러 올라가겠습니다. 이를 벨벳혁명이라 부르는 까닭은 부드러운 천인 벨벳처럼 피를 흘리지 않고 평화적 시위로 정권교체를 이뤄냈기 때문입니다. 벨벳혁명은 1989년 당시 체코슬로바키아의 공산 정권을 무너뜨린 시민 혁명으로, 피를 흘리지 않은 무혈 혁명이었죠. 1948년 공산 정권이 들어선 체코슬로바키아는 1968년 당 제1서기인 두브체크의 주도로 자유화 운동인 일명 '프라하의 봄'을 기약하였지만, 바르샤바 조약기구의 방해로 그 꿈이 좌절되었습니다. 그러나 1977년에 다시 체코슬로바키아 국민은 정부의 인권 탄압에 항의하고 헬싱키 조약 준수를 촉구하는 '77 헌장'을 공표했습니다. 그 후

1989년에 바츨라프 하벨의 주도 아래 공산 통치 종식과 자유화를 요구하는 벨벳혁명이 일어나면서 최초의 자유선거로 하벨이 대통령에 당선되고 동유럽 자유화가 이루어지는 크나큰 전기를 만드는 계기가 되었습니다.

독자 아, 그랬군요. 좀 더 자세히 설명해 주신다면요?

정 변호사 그 당시 상황은 이러했습니다. 1988년 3월 25일, 슬로바키아의 수도인 브라티슬라바에서 촛불시위가 열렸습니다. 당시 시위에 참여한 시민들은 대부분 가톨릭 신자로 체코슬로바키아의 공산주의 정권에 종교의 자유와 인권 존중을 요구하며 광장에서 촛불시위를 진행했죠. 시위는 평화롭게 진행되었으나 경찰은 시위자들을 폭력적으로 진압하면서 순식간에 수백 명의 시민이 체포되었습니다. 평화적 시위를 폭력으로 대응한 이 사건은 세계적으로 큰 파장을 일으켰습니다. 결국 다음 해인 1989년 학생과 지식인들이 들고 일어나 벨벳혁명을 일으키면서 체코슬로바키아의 공산 독재 체제는 무너졌으며, 그 이후 동유럽 주변 국가들의 공산주의 체제는 붕괴하였습니다.

독자 그렇다면 우리나라의 촛불집회는 어떻게 전개되었을까요?

정 변호사 우리나라의 경우 촛불집회는 2000년대 이후부터 활발하게 시작되었지만, 1992년에 온라인 서비스 유료화에 반대하는 촛불집회를 첫 번째 사례로 들고 있습니다. 그 후 2002년 미군 장갑차에 의해 사망한 여중생들을 위한 추모 집회, 2004년 노무현 대통령 탄핵 소추안 통과 반대 집회를 거치면서 촛불집회가 시위의 주요 형태로 자리를 잡기 시작했지요. 당시에는 개정되기 전 집시법에 따라 학문, 예술, 종교, 친목 행사 등에 관한 집회를 제외하고는 야간 옥외집회나 시위는 금지되었기에 촛불집회는 주로 문화제 형식으로 열리는 것이 일반적이었습니다. 그 후 2008년 FTA로 불거진 미국산 쇠고기 수입 반대 촛불집회가 역대 최대규모로 열렸습니다. 이 당시 주최 측은 모인 인원이 70만 명이라 하였고, 경찰은 8만 명으로 추산하였지요. 그런데 2009년에 헌법재판소는 야간 옥외집회를 금지한 집시법 제10조에 대하여 헌법불합치 결정을 내립니다. 헌법불합치는 사실상 위헌인 법률에 대해 법적 공백과 혼란을 피하고자 일시적으로 해당 법을 유지하는 결정이므로 해당 조항은 법 개정 전까지 효력을 잃었습니다. 위 헌법재판소의 헌법불합치 결정 이후로는 촛불집회도 문화제가 아닌 야간 시위의 형태로 이루어지며 비폭력 평화시위라는 촛불집회의 특징을 계속 이어갔습니다.

그 후 2009년 용산 철거민 참사를 추모하는 촛불문화제가, 2011년 대학생들의 반값 등록금을 요구하는 집회, 2013년 국가정보원 여론 조작 사건에 항의하는 시위도 있었습니다. 2014년에는 세월호 사건의 진상 규명을 밝히기 위한 촛불집회와 더불어 2016년 11월 12일에는 서울 광화문 일대에서 박근혜 정권 퇴진을 염원하는 대규모 촛불집회가 열렸습니다. 이 시위는 '2016 민중총궐기대회'로 불리면서 주최 측은 100만 명, 경찰은 26만 명 정도가 참여하였다고 추정한 역대 최대규모였지요. 이 집회는 민주노총과 1,500여 개의 시민단체가 연대하여 청소년을 포함한 시민들이 대통령의 퇴진과 '최순실 게이트' 의혹에 관한 진상 규명을 요구한 사건이죠. 같은 날에는 청소년들의 시국선언이 이어지기도 하면서 서울뿐 아니라 부산, 광주, 전주, 제주, 울산, 강원 등지에서 같은 촛불집회가 열렸습니다.

집시법의 주요 이슈

독자　뉴스에서 보면 법규는 글자 하나에 따라 해석이 다른 것으로 소개되곤 합니다.

정 변호사 동감입니다. 집시법은 '집회와 시위에 관한 법률'이 아닙니다. '집회 및 시위에 관한 법률'입니다. 두 개의 문구를 비교해 보면 그 차이점은 우리 말의 조사에서 나타납니다. '와'는 일 따위를 함께 함을 나타내는 격조사이고, 반면에 '및'은 그리고, 그 밖에라는 뜻으로, 문장에서 같은 종류의 성분을 연결할 때 쓰는 말입니다. 집회는 특정 또는 불특정 다수인이 공동 의견을 형성하여 이를 대외적으로 표명할 목적으로 일시적으로 일정한 장소에 모이는 것입니다. 시위는 여러 사람이 공동의 목적을 가지고 도로, 광장, 공원 등 일반인이 자유로이 통행할 수 있는 장소를 행진하거나 위력을 보이며 불특정한 여러 사람의 의견에 영향을 주는 행위라고 규정하고 있습니다. 다수의 공동 목적이라는 점에서는 유사한 성격을 띠지만, 일정한 장소에 모인다는 것과 행진 혹은 위력을 보인다는 점에서는 차이를 보이지요. 즉 집회와 시위 간에는 속성상 유사점이 있는 반면에 차이점도 있습니다.

독자 최근 국회의사당이나 공공건물 앞에서 피켓을 들고 1인 시위하고 있는 사람을 자주 목격할 수 있습니다. 이러한 행위는 어떻게 해석해야 할까요?

정 변호사 1인은 다수도 아니며, 또한 행진이나 이동도 하지 않습니다. 따라서 1인 시위는 집시법상의 시위에 해당하지 않습니다. 그런데 2022년 10·29 이태원 참사 사고 이후, 이태원 참사 유가족들은 용산 대통령실 정문 앞에서 1인 시위를 하려다가 저지를 당했습니다. 1인 시위는 집시법의 규제를 받지 않음에도 경호구역이라는 이유로 경찰의 제지가 있었습니다.

독자 사안마다 일반인이 보면 애매하고 모호하네요.

정 변호사 옥외집회 관련하여 2018년 헌법재판소는 국회, 법원, 국무총리 공관 앞 100미터 이내 집회 전면 금지는 위헌이라고 판단하였지요. 절대적 집회 금지 규정에 관하여 잠정 적용 헌법 불합치 결정을 하였습니다. 그러나 2023년 현재 경찰은 집시법 제11조를 근거로 대통령실(용산) 인근 100m 이내 옥외집회를 금지하였습니다. 하지만 법원은 '대통령 집무실은 관저에 포함된다고 단정하기 어렵다'라고 판결했습니다. 이에 경찰은 항소한 상태입니다.

독자 1인 시위는 집시법상의 시위도 아니고, 공관 앞 100미터 이내 집회 금지도 위헌이라는 결정이 있음에도 왜 경찰은 이를 저지하고 금지할까요?

정 변호사 앞서 사례는 집회 및 시위의 주요 이슈인 것만은 틀림없습니다. 그런데 이보다 더 우리 일상생활과 밀접한 이슈가 있습니다. 소음 집회가 바로 그것입니다. 최근 경남 양산 문재인 전 대통령 사저, 서울 서초구 윤석열 대통령 사저 및 용산 대통령실 인근 주거지역에서 일어난 집회 및 시위에 관한 기사가 많이 올라온 적이 있습니다. 이러한 집회 및 시위의 정치·사회적 맥락도 중요한 이슈지만 현실적으로 이 과정에 적극적으로 참여하지 않는 다수의 불편 즉 소음 및 교통 체증도 많은 문제점으로 지적되었습니다. 집시법 제14조 1항은 소음 집회의 쟁점이 되는 조항입니다. 집회 또는 시위의 주최자는 확성기, 북, 징, 꽹과리 등의 기계 등을 사용하여 대통령령으로 정하는 기준을 위반하는 소음 발생을 금지하고 있습니다. 또한 같은 법 제8조 5항에서는 '주거지역 등에서 사생활의 평온을 뚜렷하게 해칠 우려가 있는 경우'에는 집회·시위를 금지 또는 제한할 수 있게 되어 있지요.

독자   대통령령이 정하는 집회·시위를 금지·제한하는 소음의 기준은 무엇일까요?

정 변호사   2020년 개정된 현행 집회 및 시위에 관한 법률(대통령령 제30983호)은 주거지역에서 주간 65데시벨, 야간 60데시벨, 기타 지역은 주간 75데시벨·야간 65데시벨로 집회 소음을 규제토록 규정하고 있습니다.

독자 그렇다면 이 기준만 지킨다면 아무런 문제가 없는 것일까요?

정 변호사 현재 집시법은 소음과 관련해 최고·평균 소음 기준을 위반할 때만 처벌할 수 있게 되어 있습니다. 욕설이 섞인 구호를 외치거나 장송곡을 트는 경우도 있습니다. 그런데 일단 이 소음 기준만 지킨다면 이를 규제할 만한 뾰족한 방법이 현재로서는 없다는 것입니다.

집회 및 시위에 관한 시행령 [별표2] 확성기 등의 소음 기준(단위: dB)

소음도 구분		대상 지역	시간대		
			주간	야간	심야
대상 소음도	등가 소음도	주거지역, 학교, 종합병원	65 이하	60 이하	55 이하
		공공도서관	65 이하	60 이하	
		기타 지역	75 이하	65 이하	
	최고 소음도	주거지역, 학교, 종합병원	85 이하	80 이하	75 이하
		공공도서관	85 이하	80 이하	
		기타 지역	95 이하		

독자 그렇군요. 법이 아무리 완벽하다 해도 법 개정이 필요한

이유로군요.

정 변호사 정확한 지적입니다. 사실, 여러 가지 편법도 등장하고 있습니다. 현재 소음 기준에 따르면 주거지와 학교, 공공도서관 근처의 경우 낮에는 평균 기준이 65dB(데시벨) 이하입니다. 집회·시위 현장에서 10분 동안 소음을 재서 평균을 측정하고 있지요. 그러다 보니 이를 악용하여 1분 동안 극도로 큰 소음을 낸 뒤 나머지 9분 동안은 조용히 하면서 평균 소음치를 떨어뜨리는 수법을 쓰는 경우도 발생합니다. 또한 현행 집시법은 집회를 신고제로 운영하고 있으므로 집회에서 사용하는 확성기의 사용 여부 및 사용 대수를 신고만 하면 되므로 며칠간 계속되는 집회에서는 1회 신고만으로 확성기를 계속 사용할 수 있어서 소음 예방에 대한 적절한 대응이 어려운 점도 있지요.

2022년 10월 현재 경찰은 한국형사·법무정책연구원과 함께 '국민 불편 해소를 위한 집시법 개정 토론회'를 개최하고 과도한 소음을 유발하는 집회·시위를 처벌하는 법 개정을 추진하고 있습니다. 주거지 등에서의 '사생활 평온'을 위하여 소음 측정 기준을 강화한다는 계획입니다. 구체적으로 현재 집회 현장에서 10분 동안 측정하던 평균 소음치를 주거지, 학교, 종합병원, 공공도서관 등에서는 5분으로 줄일 것과 최고 소음 기준치의 초과도 현행 1시간당 3차례 이상이 위반 기준이었으나 이를 시간당 2차례로 줄여서 확성기 중지를 명령하는 개정안을 준비하고 있습니다.

독자　법의 운용이 저처럼 일반인이 생각하는 것처럼 간단하지 않군요.

정 변호사　집회는 개인의 인격 발현과 소수자를 보호하는 기능과 더불어 대의민주제의 한계를 보완하는 역할을 하기 때문에 헌법 21조는 집회의 자유를 기본권으로 두텁게 보장하고 있습니다. 그런데 집회는 집단의 의사 표출이라는 속성상 일정 수준의 소음 발생은 불가피하지요. 그렇다면 이러한 집회 소음을 어느 정도로 수인해야 할지 고민이 생깁니다. 만약 수인 한도를 넘어서는 소음 집회는 헌법 제35조를 침해할 수도 있기 때문입니다. '건강하고 쾌적한 환경에서 생활할 권리'인 환경권이 바로 그것이죠. 결국, 집회의 자유와 환경권은 상호 갈등 관계가 있는 영역입니다. 따라서 소음 집회의 규제는 이 두 가지 기본권이 서로 조화롭게 이루어져야 합니다. 즉 국가는 질서 행정을 구현해야 하며, 집회인은 표현의 자유를 보장받아야 하며, 또한 인근 주민들은 환경권을 향유하여야 합니다. 주거인을 배려하는 집회인의 표현의 자유와 더불어 집회의 의의를 이해하는 상호 관용적인 집회 문화의 정착을 기대해 봅니다.

독자 일반적인 집회와 시위가 있다면 맞불집회라는 게 있잖아요? 법규상 위법한 것은 아닌가요?

정 변호사 집시법 제3조 1항에서는 '누구든지 폭행, 협박, 그 밖의 방법으로 평화적인 집회 또는 시위를 방해하거나 질서를 문란하게 하여서는 안 된다'라고 집회 및 시위에 대한 방해를 금지하고 있습니다. 또한 제8조 2항에서는 '… 집회 또는 시위의 시간과 장소가 중복되는 2개 이상의 신고가 있는 경우 그 목적으로 보아 상반되거나 방해가 된다고 인정되면 각 옥외집회 또는 시위 간에 시간을 나누거나 장소를 분할하여 개최하도록 권유하는 등 … 서로 방해되지 아니하고 평화적으로 개최·진행될 수 있도록 노력하여야 한다'고 집회 및 시위의 금지 또는 제한을 규정하고 있습니다.

여기서 말하는 '중복되는 2개 이상의 신고가 있는 경우'가 바로 중복집회입니다. 일명 맞불집회라고도 하지요. 다양한 정의가 있으나 맞불집회는 통상 선행집회와 대립하는 정치적 이념이나 목적을 가진 단체가 시간적, 장소적으로 인접하여 개최하는 집회를 말합니다. 이렇게만 본다면 맞불집회는 헌법이 보장하고 있는 표현의 자유를 보장하는 전형적인 기본권의 모습입니다. 또한 다양성과 공존을 위한 민주주의 원리가 정상적으로 작동하고 있다는 반증이지요.

독자   그런데 문제는 앞서 변호사님께서 제8조 2항을 예로 들었듯이 '집회 또는 시위의 시간, 장소, 그 목적으로 보아 상반되거나 방해가 된다고 인정되면'이라는 점에 있는 것 같습니다. 모인 사람들의 목적과 집단 성격이 다르다는 것은 어느 특정한 관점을 가지고 있다는 말입니다. 즉 한 쪽 집회에 자신의 마음이 편향되어 있다면, 다른 쪽에서 행해지는 집회는 당연히 불편하겠지요. 맞불집회는 법 위반이 아닌가요?

정 변호사   최근 사례를 하나 들어보겠습니다. 2022년 10·29 이태원 참사 희생자 유가족들은 보수 시민단체가 이태원역 시민분향소에 접근하지 못하게 해달라고 법원에 신청하였지만, 서울서부지법 민사합의21부는 이태원참사 유가족협의회가 시민단체인 신자유연대를 상대로 낸 분향소 접근금지 가처분 신청을 기각했습니다. 유가족협의회의 가처분 신청 사유는 분향소 바로 옆에 집회신고를 내고 유가족들을 비난하는 현수막을 설치하였다는 이유였죠. 그러나 재판부는 '유가족협의회의 추모 감정이나 인격권이 신자유연대의 집회의 자유보다 절대적으로 우위에 있다고 볼 수 없다'라는 결론을 내렸지요. 이처럼 맞불집회는 우리가 생각하는 단순한 이해충돌 관계를 넘어서는 경우가 비일비재합니다. 그런데 맞불집회의 가장 큰 쟁점은 타인의 집회 자유를 침해한다는 점입니다. 여기에는 두 가지 형태의 집회를 생각해 볼 수가 있는데, '유령 집회'와 '알 박기 집회'가 그것입니다. 이 둘의 구체적 방식은 다르지만, 침해라는 문제의 본질은 같기에 각각 따로 발생하기도 하고 서로 연결될 때도 있습니다. 그러나 모두 '허위·가장 집회'라고 할 수 있습니다.

유령 집회는 실제 집회를 개최할 의사가 없음에도 신고를 통해 장소·시간을 선점함으로써 후순위 신고자가 집회를 개최하지 못하도록 사전에 봉쇄하는 집회입니다. 반면에 알 박기 집회는 일단 집회를 신고한 뒤 개최하지 않고 있다가 다른 집단이 집회를 하려고 시도하면, 그제야 우선권을 내세우며 형식적인 집회를 하는 것입니다. 덧붙여 실질적인 집회를 개최하지만 다른 집회나 행사를 방해할 목적으로 특정 장소와 시간을 오랜 기간 선점·독점하는 행위도 알 박기 집회라고 볼 수 있습니다. 그런데 현행 집시법에서는 이러한 집회의 본질을 훼손하는 행태에 대하여 사전적 방지나 사후적 제재에 대하여 실효성 있는 규정이 뚜렷하지 않다는 한계가 있습니다. 이에 현행 집시법도 개정해야 한다는 목소리가 경찰과 시민단체 모두에서 나오고 있습니다.

우리나라는 여러 차례 전 세계가 공감하는 모범적인 촛불집회를 통하여 건전한 집회·시위 문화를 정착시키고 있습니다. 맞불집회에는 표현의 자유의 법리가 적용되는 헌법 제21조 제1항이라는 헌법적 근거가 있습니다. 그러나 현행법상으로는 집시법이라는 제한과 한계도 있습니다. 맞불집회가 구체적인 특정 상황에서 비평화적 집회에 해당함을 이유로 규제가 행해질 가능성도 있습니다. 그러나 비평화적인 속성이 바로 드러나는 경우가 아니라면 사전적 제한 혹은 사후적 제한에 대한 경찰권 행사에 따른 규제는 '표현의 자유를 위한 숨 쉴 공간을 터주는 최후수단'으로 고려되어야 할 것으로 판단됩니다.

집시법의 순기능과 역기능

독자   집시법의 순기능과 역기능을 점검하는 시간이었습니다.

정 변호사   "표현의 자유가 제 기능을 발휘하기 위하여 그 생존에 필요한 숨 쉴 공간, 즉 법적 판단으로부터 자유로운 중립적인 공간이 있어야 하기 때문이다." 이 구절은 대법원이 선고한 전원합의체 판결 내용입니다. 여기서 눈에 띄는 대목은 생존에 필요한 '숨 쉴 공간(breathing space)'이라는 문구입니다. 이 구절은 2011년 광우병 파동을 보도한 〈PD수첩〉 사건의 판결, 2018년 10월 전 통합진보당 대표 이정희 부부 사건, 2020년 전 경기도지사 이재명의 공직선거법 위반 사건에서 인용된 적이 있지요.

원래 이 문구의 유래는 1963년 미국 연방대법원의 대법관 윌리엄 브레넌(W. Brennan)이 미국 시민단체(미국 유색인 진보협회: NAACP)가 공익 소송 참여권을 두고 버지니아주 법무장관 로버트 버튼(R. Button)을 상대로 소송을 제기하였을 때 이 문구를 사용하면서 시민단체의 표현의 자유를 인정한 사건입니다. 여기서 숨 쉴 공간이란 생존에 필요한 최소한의 여유이며, 사람의 언어 표현 능력의 한계를 이해하는 공간을 의미합니다. 재판 과정에서는 이해관계자의 의사 표명의 맥락을 이해하여야 하며, 재판관 자신만의 판단 잣대가 아닌 사건의 정확성, 진위 여부에 숨결을 불어 넣어야 한다는 의미이지요. 즉 일상생활에서 벌어지는 법정의 이해관계자의 절박한 경험을 법리적으로 유연하게 승화시킬 수 있는 진지한 노력이 있어야 한다는 말입니다.

반면에 표현의 자유와 관련하여 이와 대비되는 '명백하고 현존하는 위험(clear & present danger)'이라는 문구도 있습니다. 어느 정도 짐작이 되겠지만 표현의 자유에 대한 제한, 규제, 금지라는 뉘앙스를 풍기는 구절입니다. 이 말은 우리나라 법원에서도 인용되고 있지요. 유래는 1918년 미국 연방대법원의 대법관 올리버 홈즈(O. Holmes)가 판결에서 인용하였지요. 당시 미국 사회당 대표 찰스 쉥크(C. Schenck)는 군대 모집을 반대하는 전단을 살포하여 간첩법 혐의로 체포되자, 표현의 자유를 주장했습니다. 그러나 1919년 미국 연방대법원은 "수정헌법 제1조에서 보호하는 표현의 자유는 명백하고 현존하는 위험이 있을 경우 제한될 수 있다."라고 표현의 자유에 대한 제한을 판시한 사건입니다.

위의 두 가지 판례는 표현의 자유에 대하여 판결이 대비

되는 사건입니다. 집회의 자유는 분명 표현의 자유가 발현되는 장입니다. 여기서는 '숨 쉴 공간'이라는 기본권이 두텁게 보장되어야 한다는 의미일 것입니다. 반면에 타인의 자유권적 기본권의 침해가 발생한다면 이를 제한할 수 있는 제도적 장치가 필요합니다. 집시법의 핵심은 '명백하고 현존하는 위험'에 대한 사전적·사후적 제한일 것입니다. 성숙한 민주주의를 위해서는 표현의 자유와 어우러지는 엄정한 법치주의, 이 두 가지를 구현하려는 적절한 조화가 필요하다고 생각합니다.

독자   좋은 말씀 감사합니다.

집시법 핵심 요약

① **정식명칭** 집회 및 시위에 관한 법률

② **연혁** 1963년 1월 제정된 이후로 16번의 개정. 전부 개정 2번,
일부개정 7번, 타법 개정 7번.

③ **처벌 규정** 금지 통고를 받은 집회·시위를 강행해 주최하는 자
는 2년 이하의 징역 또는 200만 원 이하의 벌금. 소음 및 확성
기 사용 중지 명령을 위반하거나 필요한 조치를 거부·방해한
자는 6개월 이하의 징역 또는 50만 원 이하의 벌금·구류 또는
과료

8장
채무자회생법

빛과 어둠에서 빛과 희망으로

라벨리우스는 〈몸짓놀이 연극〉에서 "적은 돈을 꿔주면 채무자를, 큰돈을 꿔주면 적을 만들게 된다."라고 강조한다. 돈 빌려달라는 것을 거절해서 친구를 잃는 것보다 돈을 빌려주어서 친구를 잃는 경우가 더 많은 법이다. 직장인들은 연봉이 빚을 따라잡을 수 없다는 것을 잘 안다. 하여 법규를 활용하여 빚을 요령 있게 청산하는 방법론은 현대인의 필수다.

이 장에서는 먼저 채무자회생법이란 무엇인지, 38차례나 개정을 거친 이 법의 주요 개정에는 어떤 내용이 있는지 살펴보고자 한다. 법인보다 개인회생절차와 개인파산·면책 절차 및 복권이 어떻게 진행되는지 알아보겠다. 우리나라는 개인적으로 생활이 어렵거나 법적 소송능력이 부족할 경우 이를 도와주는 법률구조제도와 소송구조 제도가 있다는 것도 상기할 필요가 있다.

개정 주기가 짧은 채무자회생법

독자   빚을 지고 있고, 그것을 당장 갚아야 하는 상황이 생기면 인생에 그림자가 드리워집니다. 뉴스를 통해 채무자가 빚을 지고 스스로 생명을 끊는 경우를 접하면 마음이 답답해집니다. 그러나 절망 속에서 다시 살아나는 방법도 있습니다. 채무자회생법이 바로 그것입니다. 이 법에 대해 살펴보겠습니다.

정 변호사   이 법의 공식 명칭은 2005년 3월 법률 제7428호로 제정된 '채무자 회생 및 파산에 관한 법률'입니다. 총 660개 조항으로 구성된 채무자회생법은 제1편 총칙, 제2편 회생절차, 제3편 파산절차, 제4편 개인회생절차, 제5편 국제 도산, 제6편 벌칙을 두고 있습니다. 제정 목적은 크게 세 가지입니다. 첫째는 도산법 체계 통합입니다. 종전의 「회사정리법」, 「화의법」, 「파산법」, 「개인채무자회생법」은 각각 적용 대상이 다르고, 회생절차도 회사정리절차와 화의절차로 이원화되어 있어서 형평성이나 효율성의 측면에서 문제가 많다는 지적이 지속해서 제기되어 왔습니다. 따라서 기존 법체계를 1개의 법률로 통합하여 통일적인 도산법 체계를 만들었습니다. 둘째는 법 적용대상자의 구분을 없애기 위한 목적입니다. 이전 회사정리법은 주식회사만을 적용 대상으로, 반면 화의제도는 주식회사 등 대기업이 이용하기 곤란한 문제점이 있었지요. 따라서 법의 적용 대상에 있어서 회생·파산절차는 개인과 법인의 구분 없이 모든 채무자를 대상으로 하고, 개인·중소기업·주식회사 등 대기업을 하나의 절차에 의하여 회생시키거나 퇴출시킴으로써 절차적 효율성을 높이도록 제정하였습니다. 셋째는 국제 도산 절차의 신설을 위한 것입니다. 국제적 기준에 맞는 국제 도산 절차를 신설함으로써 국가 신인도를 높이고, 외국기업이 국내에 투자하기 쉬운 환경을 조성하였습니다. 이에 따라 국내에서 진행 중인 도산 절차와 외국도산절차의 조화를 도모하여 채권자의 공평한 구제와 채무자 기업의 실효적 회생을 지원하는 데 기여토록 하였습니다.

독자 특별법의 경우 법의 개정 횟수도 중요해 보이던데 상황은 어떤가요?

정 변호사 채무자회생법은 2023년 현재까지 38번의 개정이 있었습니다. 주목할 만한 점은 제정 이후 18년 동안 연 2.1회, 1년에 두 번 이상 개정되었다는 점이지요. 이러한 이유로는 타법 개정(55%)이 일부개정보다 상당 부분 많았다는 점을 들 수 있습니다. 그러나 보다 중요한 점은 채권·채무 관계에 대한 이해 관계인의 법적 수요가 그만큼 많았다는 것입니다.

채무자회생법 제·개정 주요 내용

법률명	시행일	주요 내용
법률 제18652호	2022. 1. 1.	취업 후 상환 학자금대출 원리금 청구권 내용 삭제
법률 제17364호	2020. 6. 9.	개인회생절차 개시의 신청 기준을 명확히 규정
법률 제17088호	2020. 3. 24.	채무자회생법 일부개정 전후 면책 결정에 융통성 부여
법률 제14472호	2017. 3. 1.	회생법원에 회생·파산·개인회생·국제 도산 사건 관할권 부여
법률 제14177호	2016. 8. 30.	국제 금융위기 후 과다부채 채무자에 대한 회생절차 보완
법률 제12783호	2015. 1. 16.	회생절차를 남용하는 경영자의 경영권 회복을 방지
법률 제7892호	2006. 4. 1.	파산선고를 이유로 취업 제한 및 해고 등의 처우 방지
법률 제7428호	2006. 4. 1.	도산법 체계 일원화, 회생·파산절차 적용 대상의 구분 통합 및 국제 도산 절차를 신설

독자　서민금융법도 채무조정이 가능하다면 채무자회생법과 어떤 차이가 있는지요?

정 변호사 두 법의 제정 목적이나 운영 성격은 다릅니다. 그러나 개인의 채무조정이라는 본질적 차원에서는 유사하지만, 가장 큰 차이는 채무조정을 누가 하는가입니다. 채무자회생법은 법원이, 서민금융법은 법인인 신용회복위원회에서 관할하고 있습니다. 서민금융법은 비교적 최근인 2016년 3월에 제정되어 같은 해 9월부터 시행되었습니다. 이 법의 공식 명칭은 '서민의 금융 생활 지원에 관한 법률'입니다. 제정 목적으로 '서민금융진흥원 및 신용회복위원회를 설립하여 서민의 금융 생활과 개인 채무자에 대한 채무조정을 지원하여 서민 생활의 안정과 경제·사회의 균형 있는 발전에 이바지함을 목적으로 한다'라고 명시하고 있습니다. 규정된 바와 같이 서민금융진흥원은 서민의 안정된 금융 생활을, 신용회복위원회는 개인 채무자에 대한 채무조정을 지원합니다.

채무자회생법과 서민금융법의 비교

	채무자회생법	서민금융법
시행 일자	2006. 4. 1.	2016. 9.23.
제정 목적	- 파탄에 직면한 채무자의 회생을 도모 - 회생 곤란한 채무자 재산을 환가·배당	- 서민금융의 안정적 지원 - 개인 채무자의 채무조정 지원
관할 주체	- 회생법원	- 서민금융진흥원, 신용회복위원회
지원 대상	- 개인 및 회생절차 신청자 - 파산절차 신청자	- 저소득층 - 금융채무 불이행자
지원 내용 및 방법	- 변제계획 인가 결정 - 채무자의 압류, 가압류의 중지·금지명령 - 파산선고 및 동시폐지 결정	- 지원 대상 신용대출 및 신용보증사업 - 상환기간 연장, 상환 유예 - 분할 상환 - 이자율 조정 및 채무 감면
법적 효력	- 면책 및 복권	- 채무조정안에 대한 쌍방 수락 시 합의 성립 간주

회생과 파산에 대하여

독자 흔히 말하는 회생과 파산에 관해 설명해 주시면 감사하겠습니다.

정 변호사 회생과 파산은 개인이나 법인이 경제적으로 파탄 상태에 직면하였을 경우의 법적 처리 절차입니다. 개인의 경우에는 일정한 수입이 있다면 개인회생을, 일정한 수입이 없다면 파산을 신청할 수 있습니다. 회사와 같은 법인의 경우에는 다시 재기할 가능성이 있다면 회생을, 그렇지 않을 경우 파산신청을 하면 됩니다.

현행 채무자회생법은 2006년도에 회사정리절차, 파산절차, 개인회생절차를 하나의 법률로 통합하였습니다. 이 법에서는 회생절차, 파산절차, 개인회생절차로 나누어 진행되지요. 채무자는 이 3가지 절차 중에서 어느 하나가 진행 중이라도 다른 절차를 신청할 수 있으며 그러한 경우 개인회생절차가 가장 우선합니다. 회생 또는 파산절차가 진행 중인 채무자에 대하여 개인회생절차가 시작되면 회생 또는 파산절차는 중지되고, 개인회생 계획인가 결정으로 인하여 회생 또는 파산절차는 효력을 상실합니다.

개인회생절차, 회생절차 및 파산절차

채무자 ＼ 변제능력	있음	없음
개인	개인회생절차	파산절차
법인	회생절차	파산절차

독자　채무자 입장에서는 개인회생절차가 가장 우선한다고 하셨죠? 좀 더 구체적으로 설명해 주셨으면 해요.

정 변호사　개인회생절차는 재정적 어려움으로 파탄에 직면한 개인 채무자의 채무를 법원이 강제로 재조정해 파산을 구제하는 제도입니다. 개인만이 신청할 수 있으며, 총채무액이 담보 없는 채무인 경우에는 10억 원, 담보가 있는 채무인 경우에는 15억 원 이하로서, 장래에 계속적으로 또는 반복해 수입을 얻을 가능성이 있어야 합니다.

독자　채무액의 차이가 있네요?

정 변호사　네, 그렇습니다. 일단 개인회생을 신청하여 받아들여지면 월급에서 부양가족까지 포함한 최저생계비와 세금 등을 공제한 후 나머지는 빚을 갚는 데 사용됩니다. 개인회생절차에 들어가면 압류나 가압류는 중지 혹은 금지되고, 승인된 변제계획에 따라 3년 내지 최장 5년 동안 성실히 변제를 한다면 나머지 채무는 면제받을 수 있습니다. 이 제도는 채무자의 효율적 회생과 채권자의 이익을 도모하기 위해 채무자회생법 제1조에 근거하여 마련된 절차입니다. 개인회생절차는 표를 참고해 주세요.

개인회생절차

(2023.2.15. 현재)

신청: 변제계획안 (신청일 기준 14일 이내)	기각 사유 →	기각
↓		
개인회생 위원 선임		
↓		
보전처분 중지 명령, 포괄적 금지명령		
↓		
개시 결정 (신청일 기준 1월 이내)		
↓		
채권이의기간 (결정일 기준 2월 이내)	채권자 이익 →	채권조사 확정재판
↓		
채권자집회 (결정일 기준 3월 이내)		
↓		
변제계획인가 (신용불량 등록해제)	불인가 →	폐지
↓		
변제계획 수행 (개인회생 위원 감독)	미수행 →	폐지
↓		
면책 (5년 이내 재신청금지)	부정 방법 →	면책취소

독자 그렇다면 개인회생절차를 신청하려면 어떤 서류가 필요한가요?

정 변호사 개인회생 사건을 관할법원에 신청하면 됩니다. 개인회생 절차개시신청서에는 채무자의 성명·주민등록번호 및 주소, 변제계획안이 포함된 신청 취지 및 원인, 채무자 재산 및 채무 등을 기재하여야 하며, 첨부 서류로 개인회생 채권자 목록, 재산목록, 수입 및 지출에 관한 목록, 진술서 등을 제출하면 됩니다.

독자 채무자의 변제계획은 법원에서 어떻게 인가 결정이 되는지 알고 싶습니다.

정 변호사 채무자가 제출한 변제계획안에 대하여 법원이 허락하는 결정을 내리는 것을 변제계획 인가 결정이라고 합니다. 인가 결정이 내려지면 변제계획은 효력이 발생합니다. 법원의 인가 결정에는 이의가 없는 경우의 인가 결정과 이의가 있는 경우의 인가 결정 등 두 가지가 있습니다. 첫째, 이의가 없는 경우의 인가 결정은 개인회생채권자 또는 회생 위원이 이의를 제기하지 않고, 아래 요건이 모두 충족되면 법원은 변제계획 인가 결정을 합니다. 변제계획이 법률 규정에 적합하고, 변제계획실행 가능성이 있으며, 변제계획 인가 전에 비용·수수료 등이 납부되고, 변제계획 인가결정일을 기준으로 총변제액이 채무자가 파산하는 경우에 비해 개인회생채권자가 배당받을 총액보다 적지 않으면 됩니다. 둘째, 이의가 있는 경우의 인가 결정인데요, 개인회생채권자 또는 회생위원이 이의를 제기한 경우 다음 요건이 추가되어야만 인가 결정을 받을 수 있습니다. 변제계획의 인가결정일 기준으로 평가한 개인회생채권에 대한 총변제액이 3천만 원을 초과하지 않는 범위 안에서 다음의 금액보다 적지 않아야 합니다. 이를 최저 변제액 제도라고 하며, 채무자의 도덕적 해이를 방지하는 목적이 있습니다.

최저 변제액 제도

개인회생채권의 총금액	최저 변제액
5,000만 원 미만	총금액의 5%
5,000만 원 이상	총금액의 3% + 100만 원

독자 개인회생절차를 신청하면 연체정보 등록은 언제 해제되나요?

정 변호사 개인회생절차에서 변제계획안에 대한 인가 결정을 받으면 연체정보 등록에서 해지됩니다. 법원이 인가 결정을 전국은행연합회에 통지하면 전국은행연합회에서 연체 정보 등록을 해지하도록 되어 있지요. 개인회생절차의 개시신청부터 변제계획안의 인가 결정까지 6개월 정도가 소요될 것으로 예상되므로 통상 개시신청 후 약 6개월이면 연체정보 등록에서 해제될 수 있습니다.

독자   변제와 면책을 좀 더 설명해 주시면 좋겠습니다.

정 변호사   변제계획이 인가되면 채무자는 채권자에게 갈 변제금을 회생 위원의 계좌로 송금하고, 회생 위원은 그 임치금을 변제계획에 따라 채권자에게 지급합니다. 말 그대로 변제는 변제계획에 약정된 채무액을 갚는 것이고, 면책은 이에 따라 채무의 책임이 면제되는 것입니다. 변제의 경우에도 두 가지 방법이 있습니다. 첫째는 채무자가 변제를 완료한 경우, 법원은 당사자의 신청에 의하거나 직권으로 면책 결정을 해야 합니다. 둘째는 변제를 완료하지 못했으나 다음 요건이 충족된 경우에는 이해 관계인의 의견을 듣고 면책 결정을 할 수 있습니다. 채무자가 책임질 수 없는 사유로 변제를 완료하지 못한 경우, 개인회생 채권자가 변제받은 금액이 채무자가 파산신청을 한다고 가정하면 파산절차에서 배당받을 금액보다 적지 않을 경우, 변제계획의 변경이 불가능한 경우가 그것입니다. 법원이 면책 결정을 하면 그 주문과 이유의 요지를 공고해야 합니다. 면책 결정은 확정된 후에 효력이 발생합니다. 면책 결정이 확정되면 개인회생절차는 종료합니다. 면책을 받은 채무자는 변제계획에 따라 변제한 것을 제외하고 개인회생채권자에 대한 채무에 대한 책임이 면제됩니다.

독자 개인회생을 신청하면 어떤 불이익이 있나요?

정 변호사 파산과 달리 개인회생절차를 신청하는 경우에는 법률상 특별한 불이익을 받지 않습니다. 오히려 변제계획안이 인가되면 그 사실이 은행연합회에 통보되어 채무자에 대한 연체정보 등록이 해제되고, 채권자들로부터 추심도 받지 않을 수 있으므로 채무자가 일상생활을 하는 데 도움이 되는 제도입니다.

독자 그렇다면 개인회생은 개인파산과 어떠한 차이가 있나요?

정 변호사 개인회생제도는 채무자에게 일정한 수입이 있는 것을 전제로 채무자가 원칙적으로 3년간 원금 일부를 변제하면 나머지를 면책받을 수 있는 제도입니다. 단, 채무자회생법 제611조 제5항 단서의 경우에는 5년입니다. 이에 반해 개인파산제도는 모든 채권자가 평등하게 채권을 변제받도록 보장함과 동시에 채무자에게 면책 절차를 통하여 남아 있는 채무에 대한 변제 책임을 면제받아 경제적으로 재기 혹은 갱생할 기회를 부여하는 것입니다. 개인파산을 신청하는 이유는 주로 파산선고를 거쳐 면책 결정까지 받음으로써 채무로부터 자유로워지는 것이 목적입니다.

개인회생제도와 개인파산제도의 비교

	개인회생제도	개인파산제도
대상자	개인 채무자	개인 채무자
채무 한도	담보 채무: 최대 15억 원 무담보 채무: 최대 10억 원	채무 한도 없음
변제방법	변제계획안에 따라 변제	재산의 청산
효과	변제계획안에 따라 변제 후 잔여 채무 면제	채무 변제 책임 면책

독자 개인파산 절차를 밟으려면 어떻게 하죠?

정 변호사 개인파산 절차를 진행하려면 파산·면책 동시 신청서를 제출해야 합니다. 여기서 우선 두 가지 주요 개념을 살펴볼 필요가 있습니다. 개인파산과 면책이 그것입니다. 개인파산이란 개인인 채무자가 개인사업 또는 소비활동의 결과, 자기 재산으로 모든 채무를 변제할 수 없는 상태에 빠져 채무 정리를 위해 스스로 파산신청을 하는 경우를 말합니다. 반면에 면책이란 자신의 잘못이 아닌 자연재해나 경기변동 등과 같은 불운(不運)으로 파산선고를 받은 '성실하나 불운한 채무자'에게 새로운 출발의 기회를 주기 위한 것입니다. 따라서 파산절차를 통해 변제되지 않고 남은 채무에 대한 채무자의 변제 책임을 파산법원의 재판에 따라 면제시킴으로써 채무자의 경제적 갱생을 도모하는 개인에게만 인정되는 제도입니다.

독자   그렇다면 파산과 면책 절차는 어떻게 진행되는지요?

정 변호사 전에는 파산과 면책 신청을 별도로 판단하였지만, 현재는 파산 및 면책 신청을 동시에 할 수 있습니다. 절차는 첫째, 파산 및 면책 신청서가 제출되면, 법원은 서류 검토 후 파산선고를 할 수 있습니다. 조사가 필요한 경우에는 신청인인 채무자를 불러서 심문을 마친 후 파산선고를 할 수 있지요. 둘째로 법원은 파산 여부의 결정과 함께 면책 심문기일을 동시에 지정하여 신청인과 이해 관계인에게 통지합니다. 셋째는 법원은 채권자 이의신청 기간을 지정하고, 기간 내 이의가 없을 경우에는 이의신청 기간이 경과된 후, 이의가 있을 경우에는 채무자와 채권자 쌍방이 출석하는 기일을 정한 후 면책 여부의 결정을 합니다. 넷째는 면책 신청에 대한 재판이 확정될 때까지 채무자 재산에 대하여 강제집행, 가압류, 가처분을 할 수 없습니다. 또한 채무자의 재산에 대하여 파산선고 전에 이미 진행되고 있던 강제집행, 가압류, 가처분은 중지됩니다. 면책 결정이 확정되면 중지된 강제집행 등은 당연히 효력을 잃게 됩니다.

개인파산 및 면책 절차

(2023.2.15. 현재)

파산·면책 동시 신청서 제출

↓

법원의 파산 심리

↓

파산선고 및 동시폐지 결정

↓

면책 심문 기간 또는 이의신청 기간 지정

↓

채무자 면책 심문

↓

면책 결정

↓

복권

파산과 면책을 동시에 실행하기

독자   파산과 면책을 동시에 신청하는 방법이란 무엇인지요?

정 변호사   파산과 면책은 자신이 가진 모든 채무를 갚을 수 없는 지급 불능상태에 빠진 사람이 신청할 수 있습니다. 은행 대출금, 신용카드 대금, 사채 등 원인은 불문합니다. 또한 금액의 많고 적음도 상관없으며, 신용 불량자가 아니더라도 관할법원에 신청 가능합니다. 파산 및 면책을 동시에 신청할 경우, 파산 및 면책 신청서에 신청 취지와 그 이유를 기재하고, 첨부 서류(채권자 목록, 재산목록, 수입과 지출에 관한 목록)를 제출하면 됩니다.

독자   신청서 제출 후 파산선고를 받으면 어떤 효력이 발생하는지요?

정 변호사   파산선고를 받게 되면 채무자는 파산자가 되고 몇 가지 불이익을 받게 됩니다. 하나는 경제활동상의 제한, 다른 하나는 법적 자격 제한이 그것입니다. 그러나 파산선고로 인한 불이익은 채무자 본인에게만 한정되며, 가족 등에게는 아무런 불이익이 없습니다. 경제활동상의 제한을 살펴보면 파산자의 재산상 법률행위 제한이라 달리 표현합니다. 파산선고를 받은 채무자는 파산선고 후 재산에 관해 법률행위를 할 수 없습니다. 법적 자격의 제한을 살펴보면 파산선고를 받고 복권되지 않은 사람은 다음과 같은 공·사법상의 자격 제한을 받게 됩니다. 공법상으로는 공인노무사, 공인회계사, 공무원, 법무사, 변호사, 사립학교 교원, 약사, 의사, 한의사 등이 될 수 없습니다. 다만 대통령, 국회의원, 지방자치단체장의 선거권 및 피선거권은 행사할 수 있습니다. 사법상으로는 대리인, 조합원, 후견인, 유언집행자 등이 될 수 없습니다. 다만 권리능력, 행위능력, 소송능력은 제한받지 않습니다.

독자   그렇다면 파산선고를 받고 면책 결정이 내려지면 어떤 변화가 생기나요?

정 변호사   우선 면책 결정을 받은 채무자는 자신의 채무에 대한 책임이 면제됩니다. 즉 면책을 받은 채무자는 파산절차에 의한 배당을 제외하고는 파산채권자에 대한 채무의 전부에 관해 그 책임이 면제됩니다. 다만 조세나 벌금, 채무자의 고의에 따른 불법행위로 인한 손해배상 등의 청구권에 대해서는 책임이 면제되지 않습니다. 또 한 가지는 채무자의 불이익이 없어진다는 것입니다. 전부 면책 결정이 확정되거나 복권이 되면 파산선고를 받기 전과 같은 상태로 돌아가며, 파산선고로 인한 공·사법상의 불이익이 모두 사라집니다. 그런데 한 가지 주의할 점은 면책 허가 결정을 받을 수 없는 경우가 있다는 것입니다. 채무자가 자기 재산을 은닉, 손괴하거나 채권자에게 불이익하게 처분하는 행위, 채무를 허위로 증가시키는 행위, 과다한 낭비 또는 도박 등으로 현저히 재산을 감소시키는 행위가 있을 경우에는 면책 허가 결정을 받을 수 없습니다.

법률구조제도와 소송구조 제도의 활용

독자   복권의 절차도 소개를 부탁드립니다.

정 변호사   복권(復權)되는 방법은 두 가지가 있습니다. 당연복권과 신청에 의한 복권이 그것입니다. 첫째, 당연복권은 파산선고를 받은 채무자가 다음 중 어느 하나에 해당하는 경우 복권됩니다. 면책 결정이 확정된 경우, 채무자가 파산채권자의 동의를 받아 파산폐지신청을 해서 파산폐지 결정이 확정된 경우, 파산선고를 받은 채무자가 파산선고 후 사기파산죄로 유죄확정판결을 받음이 없이 10년이 경과한 경우입니다. 둘째, 신청에 의한 복권은 파산선고를 받은 채무자가 당연복권이 되는 요건을 갖추지 못하여 변제나 그 밖의 방법으로 파산채권자에 대한 채무의 전부에 관해 그 책임을 면한 경우에 해당합니다. 파산 계속 법원은 파산선고를 받은 채무자의 신청에 의해 복권 결정을 해야 합니다. 다만 당연복권의 요건을 갖추지 못한 파산선고를 받은 채무자가 복권 신청을 하는 경우 그 책임을 면한 사실을 증명할 수 있는 서류를 제출해야 합니다. 복권이 되면 파산선고를 받기 전과 같은 상태로 돌아가며, 파산선고로 인한 공·사법상의 불이익이 없어집니다. 복권이 결정되어 확정되면 그 효력이 발생합니다.

독자   이제 구조 제도에 대한 설명을 부탁드립니다.

정 변호사   개인파산이나 면책 여부를 진행함에 있어서 국가에서는 법률 사무를 지원해 주는 제도가 두 가지 있으니 활용해 볼 수 있습니다. 법률구조제도와 소송구조 제도가 그것입니다. 법률구조란 경제적으로 어렵거나 법을 몰라서 법의 보호를 충분히 받지 못하는 사람에게 변호사나 공익법무관이 소송대리나 법률 사무에 관하여 법률구조법에 따라 지원하는 제도입니다. 법률구조기관으로는 대한법률구조공단이 있습니다. 신청 방법은 신청인의 주민등록등본, 법률구조 대상자임을 소명할 수 있는 자료, 주장을 입증할 자료 등을 가지고 대한법률구조공단을 내방하면 됩니다. 상담 후 법률구조 대상자에 해당하면 신청서와 구비서류 등을 제출하면 됩니다. 법률구조 신청서가 접수되면 대한법률구조공단에서는 곧바로 사실조사에 착수한 후 구조의 타당성, 승소 가능성, 집행 가능성 등을 판단해 지원 여부를 결정합니다.

법률구조제도와 소송구조 제도

구분	법률구조제도	소송구조 제도
담당 기관	대한법률구조공단	법원
신청 시점	소송제기 판단 전	파산의 경우 소송제기 전
신청 요건	생활이 어렵고, 법을 잘 몰라 스스로 법적 수단을 강구하지 못하는 국민과 국내 거주 외국인	소송비용 지출 능력이 부족하고 패소할 것이 명백하지 않은 자
대상 사건	- 민사·가사사건 - 형사사건 - 행정 심판 사건 - 행정소송 사건 - 헌법소원 사건 - 개인회생·파산 사건	- 소송사건(비송사건 제외)

소송구조는 소송비용을 지출할 자금 능력이 부족한 사람에 대해 법원이 신청 또는 직권으로 재판에 필요한 일정

한 비용의 납입을 유예 또는 면제하여 비용을 내지 않고 재판을 받을 수 있도록 하는 제도를 말합니다. 소송구조의 대상은 국민기초생활 보장법에 따른 수급자 또는 기준 중위소득의 60% 이하 소득자, 한부모가족지원법에 따른 지원 대상자, 60세 이상인 사람, 장애인복지법에 따른 장애인, 국가유공자 등 예우 및 지원에 관한 법률 및 보훈 보상대상자 지원에 관한 법률에 따른 상이등급 판정자, 5·18 민주유공자 예우 및 단체설립에 관한 법률에 따른 장해등급 판정자 등입니다.

소송구조 신청자는 파산 사건을 관할하는 회생법원을 방문해 법원이 지정한 소송구조 담당 변호사를 확인합니다. 개인파산 및 면책 사건에서 법원은 소송구조 대상자에게 직권으로 파산관재인 선임을 위한 비용에 관하여 소송구조를 할 수 있습니다. 지정변호사를 선임한 후 지정변호사를 통해 변호사비용 및 송달료에 대한 소송구조를 신청해야 하며, 변호사비용에 대해 법원의 직권에 의한 소송구조신청이 있는 경우 법원은 소송구조 지정변호사를 대리인으로 선임해야 합니다. 소송구조 지정변호사는 개인파산·회생 신청서 작성제출, 재판기일 및 절차, 면책의 효과 등에 관한 안내 및 법원의 보정 사항 등에 관한 업무를 수행합니다. 두 가지 제도의 차이점은 법률 구조는 대한법률구조공단이 소송대리 등의 법률 사무에 관하여 지원하는 것이고, 소송구조는 법원이 소송비용을 내지 않고 재판을 받을 수 있도록 배려해 주는 제도입니다. 잘 활용해 주셨으면 합니다.

독자 변호사님께서 말씀하셨듯이 주변을 좀 살펴보면 빚을 갚을 방법론이 제도적으로 준비가 되었다는 사실입니다. 법규를 잘 활용하여 어둠과 절망에서 벗어나는 계기가 되었으면 좋겠습니다. 감사합니다.

채무자회생법 핵심 요약

① **정식명칭** 채무자 회생 및 파산에 관한 법률

② **연혁** 2005년 3월 31일 제정. 제정 이후 18년 동안 연 2.1회, 1년에 두 번 이상 개정.

③ **적용 범위** 변제 기간은 보통 3년이며, 개인회생을 신청할 수 있는 채무 금액은 담보 채무는 15억 이하, 무담보 채무는 10억 이하. 채권자를 해할 목적으로 은닉, 처분 등을 하고, 파산선고가 확정된 경우 10년 이하의 징역 또는 1억 원 이하의 벌금.

9장
출입국관리법

대한 국민이 된 외국인의 지위

디아스포라는 팔레스타인 또는 근대 이스라엘 밖에 거주하는 유대인을 가리키는 말로 사용되어 왔으나 의미가 확장되면서 이주민, 국외로 추방된 난민, 초빙 노동자, 망명자 공동체, 소수민족 공동체와 같은 의미도 지니게 되었다. 대한민국에서도 이주민의 증가로 외국인의 입국, 체류, 출국 그리고 강제퇴거 등의 규정이 매우 중요한 문제로 부각되었다. 외국인의 사회적 지위에 관한 가장 중요한 법률 중 하나가 출입국관리법이다. 이장에서는 먼저 외국인이 대한민국 국민이 되어 국회의원이 된 두 사람의 사례를 소개한 후 우리와 같이 살아가는 외국인에 대한 의미를 짚어보고자 한다. 출입국관리법 이외에도 외국인과 관련된 법률로는 어떤 것들이 있는지 알아본 후, 50여 차례나 개정된 출입국관리법의 주요 개정 내용을 살펴보고자 한다.

대한민국 국회의원이 된 외국인들

정 변호사   우리나라에서 외국인의 사회적 지위에 관한 중요한 법률 중 하나가 출입국관리법입니다. 이 법은 외국인의 입국, 체류, 출국 그리고 강제퇴거 등을 규정하고 있습니다. 세계적으로 국가 간 교역이 자유로워지면서 국경은 이제 상상 속의 경계(imaginary border)라는 인식이 자리하게 되었고, 결혼, 일자리, 혹은 배움 등을 위하여 이동하는 인구가 늘어남에 따라 이를 효과적으로 규율하는 것이 현대 국가의 주요 관심사가 되었습니다. 그런데 국가별, 시대별로 어떤 이유가 발생하면 외국인에 관한 법과 정책이 항상 일정하지는 않습니다. 국제사회 상황이나, 자기 나라의 정치·경제·사회적 여건에 따라 변할 수밖에 없지요. 과거 우리나라 외국인 정책은 상당히 폐쇄적이고 배타적이라는 지적이 많았습니다. 그러나 세계적 추세에 맞추어 외국인의 유입이 갑자기 늘어남에 따라 우리나라에 들어온 외국인이 국내에서 일정한 지위를 가지고 활동할 수 있는 범위가 확대되고 지위가 향상되는 방향으로 점차 입법 개정이 이루어지고 있습니다.

독자   국내 헌법에서도 외국인의 지위에 관한 규정이 있나요?

정 변호사   아직도 대한민국 헌법에서는 외국인의 지위를 직접 규정 하고 있지는 않습니다. 다만 헌법 제6조 2항에서 외국인 의 지위를 '국제법과 조약에 따라 정한다'라고 규정하고 있습니다. 이에 따라 우리나라는 외국인을 규율하기 위 하여 출입국관리법 등 여러 가지 법률을 제정하여 시행 하고 있어요.

독자   외국에 거주하는 우리나라 사람들이 아주 많습니다만, 우리나라에 거주하는 외국 사람들도 많이 늘어나는 추세 입니다. 일반적인 외국인 사람들도 많이 늘어나고 있지 만 특별한 의미의 외국인들도 늘고 있습니다. 출입국관 리법이 매우 중요하다는 대목일 것 같습니다.

정 변호사   동감입니다. 제가 오늘은 두 사람의 전직, 현직 국회의 원을 소개하면서 출입국관리법의 의미를 소개하겠습니 다. 4년 임기인 국회의원은 국민의 보통·평등·직접·비밀 선거에 의하여 선출되지요. 국회의원이 되려면 대한민국 국적을 가진 피선거권자여야 합니다. 국회의원은 국민을 대표하여 법률을 제정하고 국정을 심의합니다. 2016년 3월에 국회의원 의석수를 새로 정하는 「공직선거법」 개 정안이 통과되어 국회의원의 수는 300명을 유지하고, 지 역구 의원 253명, 비례대표 의원 47명으로 구성되었습니다. 그런데 이 두 사람은 애초 대한민국 사람이 아니었습니다. 그런데 어떻게 국회의원이 되었을까요? 이들이 국회의원이 되기까지의 인생 역정을 훑어보면 외국인이 대한민국 국민이 된 후, 국회의원이 되기까지에는 어떠한 법 제도적인 맥락이 닿고 있음을 알 수 있습니다. 혹시, 대한민국 19대 이자스민 전 국회의원과 21대 태영호 현 국회의원은 아시겠죠?

독자　알고말고요.

정 변호사　이자스민 전 의원은 필리핀 출신의 방송인이자 배우였고, 1993년 필리핀 다바오에 있는 대학교의 생물학과를 다니다, 항해사로 일하던 한국인 남편을 만나 1995년 결혼하고 1996년 대학 중퇴 후 한국에 들어왔습니다. 이후 3년 뒤 귀화해서 1998년 대한민국 국적을 취득하였습니다. 귀화 후에는 이주 여성들의 봉사단체인 물방울나눔회 사무총장을 맡아 다문화 가정을 위한 활동을 했다고 합니다. 그 후 서울시청에서 외국인 생활지원과 주무관으로 근무했고, 2012년에는 새누리당에 입당하여 새누리당 비례대표 15번으로 제19대 총선에서 국회의원에 당선되었습니다. 2017년 2월부터 2019년 11월까지 자유한국당 소속으로 활동하다가 자유한국당을 탈당하고 정의당에 입당했습니다. 2023년 10월 현재 그녀는 한국문화 다양성 기구 이사장으로 일하고 있고, 이주민 출신 국회의원 1호로 불리고 있습니다.

독자   아, 그렇군요.

정 변호사   태영호 현 의원은 대한민국의 제21대 국회의원이며, 북한의 외교관으로 근무하다가 대한민국으로 망명한 탈주민입니다. 1962년 북한의 평양직할시에서 출생했습니다. 그의 아버지 태형길 씨는 평양건설건재대학 교수였으나, 사촌 동생이 한국 전쟁 때 월남했다는 이유로 핵심 계층에서 기본계층으로 격하되어 중앙과학기술통보사 건설편집부 기자로 좌천되어, 평양시 건설 현장에서 수년간 현장 기사로 일하고 나서야 조선로동당에 가입했다고 합니다. 그의 어머니 김명덕은 함경북도 명강군 서문인민학교 교원이었습니다. 태영호 의원은 고등중학교 재학 중 중화인민공화국으로 건너가 영어와 중국어를 배웠고, 1984년부터 1988년까지 베이징외국어대학(북경외대) 영문학과를 졸업했다고 합니다. 1993년부터 덴마크 주재 북한 대사관 예하 서기관으로 활동하다가 EU 담당 과장을 거쳐 영국 주재대사관으로 파견되어 3년 정도 근무했고, 주영 공사로 있던 중 2016년 8월 17일 대한민국으로 망명한 것이 확인되었지요. 공사는 대사 다음의 높은 서열로 탈북한 외교관 중에서는 최고위급이라 할 수 있습니다. 망명 후 2018년 10월 대한민국 보수주의 변호사 단체인 한반도 인권과 통일을 위한 변호사 모임이 제정한 제1회 북한인권상을 수상하기도 했습니다. 자유한국당 후신인 미래통합당 공천 결과 서울 강남구 갑에 전략공천이 되면서 21대 총선에 나오게 되었지요. 그리고 보니 태영호 의원의 소개가 좀 길어졌네요.

독자   아, 그렇군요. 영국식 고급 영어를 잘하신다고 들은 것 같아요.

정 변호사 출입국관리법과 관련하여 두 사람을 비교해 보겠습니다. 우선 두 사람 간에는 차이점이 있습니다. 한 사람은 배우자가 대한민국의 국민으로서 영주권 취득이 불필요한 경우입니다. 즉 출입국관리법 제10조 2호에 따라 대한민국에 영주할 수 있는 체류자격을 갖춘 사람입니다. 반면 다른 한 사람은 출입국관리법 제2조 2호에 의거한 난민법 제2조 1호에 따라 정치적 견해를 이유로 박해를 받을 수 있는 난민, 즉 북한 이탈주민에 해당합니다. 그러나 두 사람 모두 과거 다른 나라 국적이었지만 대한민국 국민으로 귀화하였다는 점과 전직·현직 국회의원이라는 점에서는 공통점이 있습니다.

독자 아, 그런 차이가 있군요. 잘 알겠습니다.

정 변호사 그리고 또 한 가지 같은 점이 있는데, 그것은 두 사람 모두 출입국관리법이라는 법체계와 맥락이 닿아있다는 것입니다.

출입국관리법과 관련된 법과 내용

독자 아, 두 분의 사정은 알겠고요. 이제 출입국관리법과 관련된 법들을 살펴보았으면 합니다.

정 변호사 아, 그러죠. 다음으로 말씀드리는 여러 관계법은 제정 목적이 모두 다릅니다. 그러나 관계법이 가진 공통점을 두 가지로 압축할 수 있습니다. 하나는 1948년도에 대한민국의 국민이 되는 요건을 제정한 국적법을 필두로 하여, 관계법 모두 외국인에 관한 법적 지위에 관한 규정이라는 점이지요. 다른 하나는 대한민국 구성원의 일원으로서 외국인에 대한 사회통합을 궁극적인 목적으로 한다는 점입니다. 외국인 정책은 나라별 혹은 특정 국가의 정부의 정책 기조가 무엇인지, 정치적·시대적 상황은 어떠한지, 유입되는 외국인이 어느 나라 출신인지, 유입 대상이 어떤 사회적 지위를 갖고 있는가에 따라 각각의 정부마다 이민정책의 목표와 법 제도가 바뀔 수 있습니다. 두 가지 사례를 들어보겠습니다. 하나는 출입국관리법과 난민법과의 관계입니다. 한국은 1992년에 난민협약에 가입하였지요. 그 후 20여 년간 출입국관리법에 있는 난민 규정에 따라 난민제도를 운용하였습니다. 그런데 출입국관리법에서 규정한 난민 보호 규정은 실질적인 난민 보호에는 미흡하다는 지적이 많았습니다. 이에 이를 수용하여 2012년 2월 10일에 난민법이 제정되었지요. 난민 신청이 이유가 있다고 인정되는 경우 난민임을 인정한다고 규정한 난민법은 난민의 권리를 강화하는 전향적 입법으로 평가받고 있습니다.

독자 아, 그렇군요.

정 변호사 또 다른 하나는 사회적 이슈가 발생하면 여러 법률 체계가 같이 조력한다는 것입니다. 다문화 사회로 빠르게 변하는 사회적 수요에 대응하기 위하여 다양한 법률이 마련되는 사례가 그것입니다. 우리나라의 경우 다문화가족의 결혼, 입국 및 체류, 국적 취득, 국내 정착, 자녀 양육 등에 관하여 구체적으로 규정하고 있지요. 이를 위해서

출입국관리법을 위시하여 다문화가족 지원법, 재한외국
인처우기본법, 국적법, 건강가정기본법, 해외 이주법, 난
민법, 군인의 지위 및 복무에 관한 기본법 등의 여러 법
체계가 마련되어 있지요.

출입국관리법과 관련된 법

관계법	제정 연도	출입국관리법과 관련된 제정 목적
국적법	1948. 12. 20.	대한민국의 국민이 되는 요건을 정함
해외 이주법	1962. 3. 9.	원활한 해외 이주 절차를 규정
출입국관리법	1963. 3. 5.	국민의 출입국, 외국인 체류 관리, 사회통합을 규정
건강가정기본법	2005. 1. 1.	다문화가족에 대한 사회통합 지원사업을 규정
재한외국인 처우기본법	2007. 5. 17.	대한민국 국민과 재한외국인이 사회통합에 이바지함
다문화가족 지원법	2008. 3. 21.	다문화가족 구성원의 삶의 질 향상을 도모함
난민법	2012. 2. 10.	난민협약에 따른 난민의 지위와 처우를 규정
군인의 지위 및 복무에 관한 기본법	2015. 12. 29.	군인은 다문화적 가치를 존중해야 한다는 규정

독자   생각보다 관련된 법이 많군요. 내용도 간략하게나마 소
개해 주셨으면 합니다.

정 변호사   법률 제1289호로 제정된 출입국관리법은 1963년 3월

5일 제정·시행되었습니다. 이 법의 골자는 대한민국을 드나드는 국민의 출입국, 외국인의 입국·체류·출국, 그리고 외국인의 등록에 따른 사회통합 프로그램에 관한 규정들이지요. 이 법은 제정 이후 52차례나 개정되었습니다.

개정 내용 중 주요 이슈가 포함된 3가지는 다음과 같습니다. 2018년 3월 20일 법률 제15492호는 제10조의3을 신설하여 영주 자격 소지자는 활동 및 체류 기간의 제한을 받지 않도록 외국인의 권리와 법적 지위를 명확히 하였다는 점에서 의의가 있습니다. 2012년에 시행된 법률 11224호에서는 국내 체류 외국인 및 귀화자 등이 우리 사회에 신속하고 원활하게 적응할 수 있도록 지원하기 위한 사회통합프로그램의 법적 근거를 마련하고, 사증(비자) 발급 등을 할 때 사회통합프로그램 이수자를 우대할 수 있도록 제39조 및 제40조를 신설하였습니다. 또한 2009년 개정된 법률 제9142호에서는 난민 지위에 관한 정부의 결정에 대한 이의신청 기간을 연장하고, 난민 지원시설을 설치하도록 하는 등 난민의 처우를 개선하며, 난민 인정을 받지 못한 자 중 특히 인도적 측면에서 필요한 경우 체류를 허가할 수 있도록 하는 등 난민 정책의 선진화를 위해 필요한 사항을 규정하여 우리 사회에서 난민에 대한 인식을 제고하고 국제사회에서 인권 국가로서 역할과 책임을 확인한 개정입니다.

출입국관리법의 주요 내용

법률명	시행일	주요 개정 내용
법률 제19070호	2023. 6. 14.	인신매매 등 범죄 피해 외국인에 대한 보호를 규정함
법률 제18295호	2021. 7. 13.	양육비 지급 의무 불이행자에 대한 제재 규정을 마련함
법률 제17509호	2021. 1. 21.	범죄피의자 긴급출국금지 요청 시 검사 수사지휘권 폐지
법률 제16344호	2019. 4. 23.	이주 아동에 대한 아동학대 범죄에 대한 보호 규정
법률 제15492호	2018. 9. 21.	외국인에 대한 일반체류자격과 영주 자격으로 대분류
법률 제11224호	2012. 5. 27.	국내 체류 외국인 또는 귀화자에 대한 사회통합프로그램 마련
법률 제10545호	2011. 4. 5.	결혼이민자의 가정폭력에 대한 인권 보호
법률 제9142호	2009. 6. 20.	난민 정책 선진화를 위한 규정을 개정
법률 제6745호	2003. 3. 6.	영주 자격을 가진 외국인에 대한 편의를 증진
법률 제1289호	1963. 3. 5.	대한민국 국민의 출입국 절차를 제정함

사회통합을 위한 이슈

독자　출입국관리법을 살펴보다가 보니까 사회통합을 위한 여러 가지 이슈가 떠오르게 됩니다.

정 변호사　그렇습니다. 난민제도나 다문화가족, 사회통합을 위한 프로그램 등을 살펴봐야 할 것입니다.

독자　네, 좀 요약해서 소개해 주신다면 좋겠습니다.

정 변호사　통상 난민협약이라 부르는 '난민의 지위에 관한 협약 제1조'는 난민을 정치적 박해, 전쟁, 테러, 극도의 빈곤, 기근, 자연재해를 피하여 다른 나라로 망명한 사람으로 정의합니다. 이러한 난민의 생존과 권리를 보장하기 위한 대표적인 기관이 1950년 12월에 창설된 유엔난민기구(UNHCR)입니다. 여기서는 각국 정부나 국제 연합의 요청에 따라 난민을 보호하고 구제하며, 재송환이나 재정착을 돕는 일을 하고 있지요. 2005년 12월 현재 난민이 많이 발생하는 국가로는 아프가니스탄, 이라크, 미얀마, 수단, 팔레스타인 등이 있습니다. 국내 실향민이 가장 많은 나라인 수단의 경우 500만 명이 넘습니다. 2003년 미국의 이라크 전쟁 당시 470만 명 이상의 이라크인들이 고향을 등졌습니다. 2011년과 2013년에는 자연재해로 인하여 일본과 필리핀에서 수많은 난민이 발생하였습니다. 국제법상 모든 국가는 비호를 요청하는 난민에 대하여 국제적 보호를 제공하여야 할 책임이 있습니다.

우리나라의 경우 1992년 '난민의 지위에 관한 협약'을 비준하고 2001년 첫 난민을 인정하였지요. 그 후 2012년 난민 인정 절차 및 난민 등의 처우에 관한 난민법을 제정하였습니다. 다소 늦은 감이 있지만, 이 법을 제정한 이유로는 출입국관리법에서 난민에 관한 인정 절차를 규율하고 있었으나, 첫째, 다른 선진국에 비해 난민을 충분히 받아들이고 있지 아니하여 국제사회에서 그 책임을 다하지 못한다는 점, 둘째, 난민 인정 절차의 신속성·투명성·공정성에 대하여 국내외적으로 지속적인 문제 제기가 있었다는 점, 셋째, 난민 신청자가 최소한의 생계를 유지할 수 있는 수단이 봉쇄되어 있고, 난민 인정을 받은 경우에도 난민의 지위에 관한 협약이 보장하는 권리조차도 누리지 못한다는 점 등이 문제점으로 지적됨에 따라 난민 인정 절차 및 난민 등의 처우에 관하여 구체적으로 규정을 한 것입니다.

우리나라는 아시아 국가 중에서 최초로 난민법을 제정하였습니다. 그럼에도 2019년 현재 한 해 동안 15,452건의 난민 신청이 있었지만, 난민 인정자는 고작 42명이었지요. 세계적으로 난민을 인정하는 비율은 38%입니다. 이에 비하여 우리나라는 2%에 불과합니다. 물론 난민 중의 범죄혐의가 있는 사람들의 비율을 고려하더라도 난민 인정 비율이 여전히 낮다고 할 수 있지요. 2007년 8월에는 미얀마 군사정권에 반대하는 반(反)체제인사를 난민으로 인정한 실례가 있습니다. 2018년도에는 500명이 넘는 예멘인들이 제주도로 입국하여 난민 신청을 한 적도 있습니다. 당시 난민을 수용할 것인지 아닌지를 두고 국내에서 많은 논란이 벌어진 바 있습니다. 당시 청와대 국민청원판에는 '난민 신청 청원 폐지'를 청원하는 글이 청와대 답변 필요 기준인 20만 명을 넘어 22만 건을 상회하는 현상이 벌어지기도 했지요.

독자 네, 알겠습니다.

정 변호사 여기서 한 번 되짚어 보아야 할 점이 있습니다. 우리나라는 아직도 난민 인정에 대하여 소극적 입장이라는 점입니다. 역사적으로 볼 때 우리나라도 외부로부터의 침탈, 전쟁 및 정치적 탄압을 경험하면서 나라가 국민을 보호하지 못했던 아픈 기억이 많이 있습니다. 현재 우리나라에서는 난민 자격을 심사하고 있습니다. 첫째, 우리나라에 거주할 수 있는 입국사증(visa)을 획득하는 난민 인정, 둘째, 난민 심사에서 탈락했지만, 생명·신체의 자유를 현저히 침해당할 수 있는 자에 대한 인도적 체류, 셋째, 강제 출국 조치가 정해지는 심사 탈락 등이 그것입니다. 난민 인정의 공정성과 투명성이 그만큼 보장되고 있기는 하지만, 좀 더 난민의 권리와 복지를 위한 방안들이 우리 사회에서 어떻게 구현되어야 할지 곰곰이 생각해 보아야 할 대목입니다.

독자 네, 그렇군요. 다음은 다문화가족 이슈인가요?

정 변호사 다문화 가정 또는 다문화가족은 서로 다른 국적과 문화를 가진 남녀 간의 국제결혼을 통해 만들어진 가정을 의미합니다. 법률 제17281호로서 2020년 5월 19일에 시행된 다문화가족 지원법을 줄여서 다문화 가족법이라 합니다. 제2조 가항과 나항에서 '재한외국인 처우 기본법' 제2조 3호의 결혼이민자와, '국적법' 제2조부터 제4조까지의 규정에 따라 대한민국 국적을 취득한 자로 이루어진 가족을 말하고 있지요. 다문화가족과 관련해서는 다문화라는 사회적 변화에 대응하기 위하여 여러 법률이 마련되어 있습니다. 출입국관리법을 비롯하여 다문화가족 지원법, 재한외국인처우기본법, 국적법, 건강가정기본법 등이 그것이지요. 여기서는 다문화가족의 결혼·입국 및 체류·국적 취득·국내 정착·자녀 양육 등을 구체적으로 규정하고 있습니다.

우리나라는 1970~80년대의 경제성장에 따라 외국인 노동자의 유입과 국제결혼이 늘어나면서 다문화 사회에 진입하였습니다. 2019년 현재 다문화가족은 대략 96만 명으로 추정되고 있습니다. 국내에 체류하는 외국인도 2019년 기준으로 252만 명에 이르러 우리나라 인구의 5%에 달하고 있습니다. 또한 국방부 발표에 따르면 다문화가족 자녀들의 군 입대도 계속 증가할 것으로 보이며, 2025년부터 2031년까지만 보더라도 연평균 8,500명의 다문화 출신의 청년들이 입대할 것으로 예측하고 있습니다. 이에 따라 '군인의 지위 및 복무에 관한 기본법' 제37조에서는 군인은 다문화적 가치를 존중하여야 한다는 군인의 의무를 규정하고 있지요.

독자 2025년부터 2031년까지만 보더라도 연평균 8,500명의 다문화 출신의 청년들이 입대할 것 같다니 놀랍네요,

정 변호사 '로마에 가면 로마법을 따르라'라는 말이 있지요. 물론 일리가 있습니다. 그러나 현대의 다문화주의 사회에서는 단지 참고할 명제일 뿐입니다. 진리가 아니라는 말이

지요. 우리나라가 다문화 사회로 진입한 지 수십 년이 지난 상황에서 다양한 문화에서 살아온 사람들에게 '우리 사회로의 일방적인 편입'을 요청하기보다 이제는 그들만의 축적된 문화적 깊이와 폭을 인정하는 자세가 필요합니다. 현재 다문화가족을 둘러싼 사회문제가 여러 곳곳에서 발생하고 있습니다. 개인적으로 판단한다면 우리나라는 아직도 외국인에 대하여 '일방적 문화 적응 요구'와 '차별'이 있다는 것입니다.

먼저 문화 적응을 위해서는 의사소통이 필요합니다. 그러나 결혼이민자나 귀화자의 언어를 쓸 수 있는 우리나라 출신의 남편은 10%에 불과하다는 보고가 있습니다. 가정을 꾸려 가족이 된 일상생활에서 심리적인, 정서적인 어려움을 아우르는 법과 제도적 정책이 더욱 요구된다고 볼 수 있지요. 다문화 사회에서 당사자인 부모 세대가 겪는 차별보다 그들의 자녀들이 경험하는 차별의 문제가 더 심각한 것으로 나타나고 있습니다. 이러한 현상의 대표적인 사례가 학교 폭력입니다. 설문조사 결과 학교 폭력을 경험한 다문화가족의 자녀 절반 이상은 특별한 조치를 받지 않고 자기 혼자 참는 것으로 나타나고 있습니다. 청소년기의 이러한 문제는 자칫 군대 생활이나 직장에서 크나큰 부작용이 일어날 소지가 크지요. 따라서 과연 우리 사회는 열린 자세로 다문화정책과 관련된 법체계를 구현하고 있는지 제대로 고민할 필요가 있습니다. 따라서 해결 방안으로 '내실 있는' 그리고 '실질적인' 사회통합 프로그램을 검토하여야 할 것입니다.

독자 차별과 학교 폭력은 어디서나 문제가 되는군요. 다음은 사회통합 프로그램 이슈인가요?

정 변호사 사회통합 프로그램은 법률 제11224호로 2012년 5월 27일에 시행된 개정에서 신설되었습니다. 국내 체류 외국인 및 귀화자 등이 우리 사회에 신속하고 원활하게 적응할 수 있도록 지원하기 위한 사회통합프로그램의 법적 근거를 마련(제39조)하고, 사증 발급 등을 할 때 사회통합프로그램 이수자를 우대(제40조)한다는 내용이 담겨있어요. 사회통합 프로그램을 영어 약자로 줄여서 'KIIP(Korea Immigration & Integration Program)'라고도 합니다. 사회통합 특히 이주민을 위한 사회통합이란 이민자가 유입된 국가의 정치·경제·사회·문화 제도에 적극적으로 참여하여, 자신이 가지고 있는 문화적 배경, 언어 및 종교 등의 다양성과 차이를 인정받고, 그 나라 사람들과 똑같이 평등한 권리와 지위를 보장받고 그 사회와 어우러지면서 그 나라의 구성원으로서 정체성과 소속감을 느끼는 상태를 말합니다.

가장 중요한 문제는 그들이 우리나라에 잘 정착하여 편히 생활할 수 있는 기본적인 사회통합 프로그램이 필요하지요. 즉 어떤 기준으로 이들(to whom)에게, 어느 정도 수준(to a certain level)의 사회통합 프로그램을 시행할 것인가가 관건인 셈입니다. 그런데 현재 우리나라의 사회통합 프로그램은 운영상 문제점이 있다고 판단됩니다. 이주민들의 성별, 연령별, 자격별, 업무영역별로 구분하여 다문화가족 지원센터, 외국인 근로자 지원센터, 외국인 복지센터, 사회통합프로그램 등이 지원·운영되고 있습니다. 그러나 이들에 대한 사회통합지원 프로그램들이 중앙부처, 지자체, 민간 단체 등에 의하여 제각각 따로(?) 운영되고 있지요. 이런 경우 지원기관의 측면에서는 사업의 중복성, 예산의 중복성이 나타날 수밖에 없습니다. 또한 이주민의 관점에서는 나에게 맞는 프로그램이 무엇인지를 정확히 판단하기가 어려울 수도 있습니다.

원래 이민자라는 개념 속에는 이주노동자, 결혼이주자, 외국 유학생, 새터민을 포함하고 있습니다. 따라서 '이민자 지원센터'는 국적 취득에 도움이 되는 사회통합 프로그램뿐만 아니라, 이들의 삶 전반을 도와주는 기관이어야 하지요. 아래 표에서 보듯이 2006년 시작한 여성가족부 산하 다문화가족 지원센터는 2020년 현재 전국에 196개가 설치, 운영되고 있습니다. 그런데 문제는 법무부의 사회통합 프로그램이 출입국관리법 조항을 신설하여 상당히 유사한 목적을 가지고 운영되고 있다는 점입니다. 개인적으로는 두 중앙부처 간에 이민자 지원 서비스 업무 재편이 필요하다고 판단됩니다. 우선 법무부는 이주민들이 한국 국적을 취득과 관련한 기준 마련과 국적 취득의 합당 여부를 판단하는 것이 본연의 책무라고 생각되며, 다음 이미 제도적 정착을 하고 있는 다문화 지원센터의 각종 프로그램에 사회통합 프로그램을 흡수하여 운영하는 것이 법 제도의 효율을 기하는 대안이 아닐까, 판단됩니다

향후 사회통합 프로그램의 효율적인 운영을 위해서는 위에서 언급한 몇 가지 문제점들이 개선되어야 합니다. 이 프로그램의 알찬 결실을 위해서는 먼저 국민의 사회통합에 대한 인식이 높아져야 한다는 전제를 바탕으로 첫째, 이민자 혹은 외국인의 문화적 다양성이 있음을 인정하고, 둘째, 외국 이민자가 일상생활에 불편함이 없도록 우리와

동등한 일반 국민교육 수준의 프로그램 개발과 운영, 셋째, 우리나라 사람으로서의 차별 없는 고용과 교육 기회가 평등하게 제공되는 개선 노력이 필요합니다.

다문화가족 지원센터 운영기관 설치 현황 (2020년 현재)

	2014	2015	2016	2017	2018	2019	2020
서울	1	3	7	10	23	25	25
부산	1	3	3	3	6	7	8
대구	1	3	5	6	8	8	8
인천	-	1	7	7	7	8	8
광주	1	1	4	4	4	5	5
대전	-	1	2	2	2	2	2
울산	-	-	1	3	5	5	5
세종	-	-	1	1	1	1	1
경기	1	2	6	14	22	24	24
강원	-	1	5	9	18	18	18
충북	-	1	2	4	6	7	9
충남	1	2	7	8	8	12	13
전북	-	-	3	3	4	11	13
전남	1	1	9	10	16	21	21
경북	1	2	9	9	11	15	18
경남	1	1	7	8	11	14	18
제주	-	-	-	-	-	-	-
계	9	22	78	101	152	183	196

우리와 그들이 어우러지는 패러다임!

독자   오래된 자료이기는 하지만 1988년 이후 우리나라로 이주해 오는 외국인들이 급격히 늘어나 2019년 현재 250만 명을 넘어섰다고 들었습니다.

정 변호사 국가 개방을 통한 국가 경쟁력 확보, 인권이 존중되는 성숙한 다문화 사회로의 발전, 법과 원칙에 따른 체류 질서 확립. 이것은 2008년 '제1차 외국인 정책 기본계획'의 기본계획입니다. 단연 개방과 다문화 사회라는 말이 눈에 띕니다. 이 말에는 외국인 정책이 은연중에 담겨있습니다. 외국인 정책은 대한민국으로 이주하고자 하는 외국인에 대해 일시적 혹은 영구적으로 사회구성원 자격을 부여하거나, 국내에서 살아가는 데 필요한 제반 환경의 조성에 관한 사항을 정치·경제·사회·문화 등 종합적 관점에서 다루는 정책입니다. 이를 위해서는 구체적인 사업계획이 필요한데 그것이 사회통합 프로그램입니다. 2012년 개정한 출입국관리법에서 사회통합 프로그램이 신설되었지요. 사회통합프로그램은 외국인들이 성숙한 시민으로 우리 사회의 일원이 될 수 있도록 돕는 외국인 정책입니다. '인권이 존중되는 성숙한 다문화 사회로의 발전'을 위한 필수 요건이라 할 수 있지요.

독자   공감합니다. 출입국관리법과 관련하여 당부의 말씀이 있
      다면요?

정 변호사 다문화 관련 법률은 아직도 외국 이민자들을 아직도 이
      들을 '그들'로 바라보고 있는 듯합니다. 우리 사회에서
      지원하고 도움을 제공하는 대상으로만 보는 것이 아니라
      우리는 이들을 우리의 구성원으로서 다문화가족의 법과
      정책을 계속 개선해 나가야 합니다. 그러기 위해서는 다
      양한 문화를 가진 사람들을 그동안 우리가 어떻게 대우
      하였는지 생각해 볼 필요가 있습니다. 실례로 우리나라
      의 여러 정부 부처가 이들을 바라보는 관점은 다양합니
      다. 행정안전부는 '이주민'으로, 고용노동부는 '노동 인
      력자원'으로, 여성가족부는 '다문화 여성과 가족'으로,
      교육부는 '이중언어 사용자'로, 보건복지부는 '복지 대
      상'으로, 농림축산식품부는 '영농 인력자원'으로, 문화체
      육관광부는 '다문화 재산'으로, 법무부와 외교부는 '외국
      인' 등이 그것입니다.

      우리 사회가 다문화 사회로 진입한 지 수십 년이 되었습
      니다. 대한 국민이 된 이들 역시 우리 사회 일원으로 어
      우러져 함께 살아간다는 인식이 반영되어야 합니다. 이

들을 우리 사회에서 '그들'이 아닌, 삶의 틀을 함께 엮어 가는 '우리'라는 자세가 필요합니다. 그들이 겪고 있는 실제적 어려움이 무엇인지, 그 원인은 무엇인지, 이를 해결하려는 법과 정책은 무엇인지에 대하여 그들도 우리 사회의 공동체의 일원이라는 입장에서 적극적으로 논의에 참여할 수 있는 적극적인 노력이 더욱 필요합니다.

출입국관리법 핵심 요약

① **정식명칭** 출입국관리법

② **연혁** 1963년 3월 5일 제정·시행.

③ **처벌 규정** 체류자격의 범위 이탈 및 체류 기간 위반 3년 이하의 징역 또는 2천만 원 이하의 벌금. 체류자격 없이 입국한 경우 3년 이하의 징역 또는 2천만 원 이하의 벌금. 지정된 근무처가 아닌 곳에서 근무하는 경우 1년 이하의 징역 또는 1천만 원 이하의 벌금. 여권 등 휴대 또는 제시 의무를 위반한 사람 및 체류지 변경 신고 의무를 위반한 사람은 100만 원 이하의 벌금. 여권번호 등이 변경되었음에도 외국인등록 사항 변경 신고를 14일 이내에 하지 않은 경우, 외국인 등록증 반납 의무를 위반한 경우, 출입국관리 공무원의 장부 또는 자료 제출 요구를 거부하거나 기피한 경우 100만 원 이하의 과태료.

10장
헌법재판소법

재판은 양심에 따라

우리나라에서 대통령의 탄핵 사례는 몇 번이었을까? 대한민국 임시정부를 포함한다면 3차례의 탄핵이 있었다. 박근혜 전 대통령과 노무현 전 대통령, 그리고 이승만 전 대통령이다. 1925년 3월 23일, 대한민국 임시정부의 이승만 대통령이 의정원의 탄핵 의결로 대통령직에서 면직된 기록이 있기 때문이다. 총 23차례의 탄핵이 진행되었는데. 대통령에 대한 탄핵 3번, 대법원장과 대법관에 대한 탄핵 2번, 각부 장관 7번, 검찰총장 및 검사 11번이 그것이다. 이 장에서는 헌법재판소가 하는 주요 심판을 대표적 사례와 곁들여 살펴보겠다. 또한 재판관은 '양심'에 따라 독립하여 심판한다고 하는데 과연 우리는 양심을 어떤 개념으로 받아들여야 하는지에 대한 논의도 함께 해보고자 한다.

역사의 중심, 헌법재판소법 제·개정의의 연혁

독자   이제 헌법재판소법에 대해서 알아보겠습니다. 헌법재판소는 구체적으로 어떤 일을 하는가요?

정 변호사   헌법 제6장에는 헌법재판소에 관한 3개 조항이 있습니다. 제111조에 헌법재판소가 하는 일, 제112조에 재판관의 정치 관여 금지, 제113조에 의사결정 정족수 및 조직 운영 등을 명시하고 있지요. 헌법재판소는 첫째, 법원 제청에 의한 법률 위헌 여부 심판, 둘째, 탄핵 심판, 셋째, 정당해산 심판, 넷째, 국가기관 상호 간·국가기관과 지방자치단체 간·지방자치단체 상호 간의 권한쟁의 심판, 다섯째, 헌법소원 심판을 하고 있습니다. 6년 임기 법관 자격이 인정되는 9인이 재판관으로 구성되며, 재판관은 정당에 가입하거나 정치에 관여할 수 없습니다. 또한 법률의 위헌결정, 탄핵 결정, 정당해산 결정, 헌법소원에 관한 인용 결정을 하는 경우 재판관 6인 이상이 찬성해야 합니다.

독자   헌법재판소 창설 취지는 무엇입니까?

정 변호사   한마디로 정의한다면 헌법수호와 인권 보장입니다. 헌법은 권력을 억제하여 효력이 보장됩니다. 헌법을 위반하는 상황이 발생하는 경우 이를 법 제도로 막고 바로잡는 것이 중요하죠. 이때 헌법수호를 위해 어떤 제도적 장치를 마련할 것인가? 가 중요한 관건이 됩니다. 그렇다면 이러한 일들을 하는 헌법재판소 제도는 언제부터 시작되었을까요? 1987년 제9차 개헌에서 독일식 헌법재판소 제도를 도입하였습니다.

좀 더 거슬러 올라가면 1948년 제헌 정부 당시 헌법은 헌법위원회 제도를 두었지요. 그러나 이 제도는 이승만 정권 말기 경향신문 무기 정간 취소 행정소송 사건에서 의미가 퇴색되었습니다. 1960년 3차 개헌에서 채택한 헌법재판소 제도는 구성도 안 된 채 유실되었지요. 그 후 1962년 5차 개헌에서는 미국식 사법 심사 제도를 채택하였습니다. 그러나 이 제도 또한 사법부의 방관적 태도로 제 기능을 못 하다가 유신헌법 당시 헌법위원회가 재등장하면서 사라지고 말았습니다. 1980년 8차 개헌에서도 헌법위원회 제도가 있었으나 별 성과가 없었습니다. 결국 1987년 9차 개헌에 이르러서야 현재의 헌법재판소 제도가 정착하였습니다.

독자 헌법재판소법의 연혁을 소개해 주세요. 창설 취지는 무엇입니까?

정 변호사 법률 제4017호로 제정된 헌법재판소법은 1988년 9월

1일 시행되었습니다. 이 법은 헌법재판소의 조직·운영과 심판 절차에 관한 사항을 규정함을 목적으로 합니다. 따라서 헌법재판소는 법률 위헌 여부 심판, 탄핵 심판, 정당 해산심판, 헌법소원 심판 등 주로 헌법수호를 위한 심판이 주된 일입니다. 이 법이 시행된 이후 2022년 2월 3일 현재까지 총 20차례의 개정이 있었습니다. 15 차례의 일부개정은 주로 헌법재판소 내부 조직의 구성 및 운영에 관한 개정이 대부분입니다. 타법 개정의 주요 내용은 민사소송법, 정부조직법 및 국가공무원법에 따른 개정입니다.

독자 특히 주목할 만한 개정은 무엇이었나요?

정 변호사 9차·16차·19차 개정이 주목할 만했습니다. 2005년 시행된 9차 개정 당시에는 탄핵 심판과 정당해산 심판의 경우 심판에 관여한 재판관의 의견표시 의무가 없었습니다. 따라서 소수의견을 결정문에 표시하지 못하는 문제점이 있었지요. 이에 따라 모든 심판에 관여한 재판관은 결정문에 의견을 표시하도록 한 개정입니다. 2014년 16차 개정은 제47조 2항에 의거한 헌법재판소법에서 형벌 법규에 대한 위헌결정의 소급효 인정 여부에 대한 개정입니다. 위헌인 형벌 법규를 일률적으로 해당 조항의 제정 시점까지 소급효를 인정할 경우 종전의 합헌 결정과 관계 없이 해당 조항을 제정 시점까지 소급하여 효력을 상실한다는 지적이 있었습니다. 따라서 형벌 법규를 이미 합헌 결정한 경우에는 그 합헌 결정 이후부터 소급효가 미치도록 하여 종래 합헌 결정 이전의 확정판결에 대한 무분별한 재심청구를 방지하고, 그 당시 합헌 결정에 실린 법 감정과 시대 상황을 고려하는 개정이라 할 수 있습니다. 2020년 19차 개정은 재판관의 임용 결격사유를 강화하여 재판관의 정치적 중립성을 확보하였습니다. 예전 현행법은 재판관 임용 결격사유에서 「공직선거법」에 따른 선거 후보자로 등록하는 정치적 이해관계자를 포함하지 않아 재판상 독립을 훼손할 수 있다는 지적이 있었지요. 따라서 첫째, 정당 당원, 당원 신분을 상실한 날부터 3년이 경과되지 아니한 사람, 둘째, 「공직선거법」에 따라 실시하는 선거에 후보자로 등록한 날부터 5년이 경과되지 아니한 사람, 셋째, 대통령 선거에서 후보자의 당선을 위하여 자문·고문 역할을 한 날부터 3년이 경과되지 아니한 사람을 재판관 임용 결격사유에 포함하였습니다. 이는 재판관의 정치적 중립성을 보장하는 의미 있는 개정입니다.

헌법재판소법 제·개정 연혁

	법률명	시행일	개정 이유	주요 내용
제정	법률 제4017호	1988. 9. 1.	신규 제정	- 헌법재판소의 관장 사항을 정함
1차 개정	법률 제4408호	1991.11.30.	일부개정	- 비상임재판관의 상임화
2차 개정	법률 제4815호	1994.12.22.	일부개정	- 사무처장 직급, 장관으로 격상
3차 개정	법률 제4963호	1995. 8. 4.	일부개정	- 헌재 내부 조직의 기능 조정
4차 개정	법률 제5454호	1988. 9. 1.	타법 개정	- 정부조직법 개정에 따른 변경
5차 개정	법률 제6622호	2002. 1.19.	타법 개정	- 국가공무원법 개정에 따른 변경
6차 개정	법률 제6626호	2002. 7. 1.	타법 개정	- 민사소송법 개정에 따른 변경
7차 개정	법률 제6861호	2003. 6.13.	일부개정	- 헌법연구관의 처우 개선
8차 개정	법률 제7427호	2008. 1. 1.	타법 개정	- 민법 친족 편 개정에 따른 변경
9차 개정	법률 제7622호	2005. 7.29.	일부개정	- 심판재판관의 결정문 의견표시
10차 개정	법률 제8729호	2008. 1. 1.	일부개정	- 헌법연구관의 심판업무 겸임
11차 개정	법률 제8893호	2008. 6.15.	일부개정	- 심판 확정 기록 복사·열람 개방
12차 개정	법률 제9839호	2009.12.29. 2010. 3. 1.	일부개정	- 재판관의 심판보정 요구권 부여 - 전자서류를 통한 효율성 도모
13차 개정	법률 제10278호	2010. 5. 4. 2010.11. 5.	일부개정	- 재판관 임명 과정의 공백 개선 - 헌법재판연구원의 신설
14차 개정	법률 제10546호	2011. 4. 5.	일부개정	- 전문성을 갖춘 계약직 확대
15차 개정	법률 제11530호	2013.12.12.	타법 개정	- 내부 조직의 직군 단순화

16차 개정	법률 제12597호	2014. 5.20.	일부개정	- 형벌 법규에 대한 위헌결정의 소급효 인정에 대한 개선
17차 개정	법률 제12897호	2014.12.30. 2015. 7. 1.	일부개정	- 재판관 정년을 70세로 연장함 - 헌재소장의 헌법연구관 임명권
18차 개정	법률 제15495호	2018. 3.20.	일부개정	- 특별자치시를 법률에 명기하여 권한행사의 근거를 명확화
19차 개정	법률 제17469호	2020.12.10.	일부개정	- 재판관 임용결격 사유에 정치적 중립성을 보장함
20차 개정	법률 제18836호	2022. 2. 3.	일부개정	- 재판관회의 의결정족수를 재판관 전원 2/3 초과로 변경

주문, "대통령 박근혜를 파면한다"

독자   헌법재판소에서 심판한 주요 사례를 소개해 주세요.

정 변호사   우리나라는 현재 독일식 헌법재판소 제도를 채택하여 시
행하고 있지요. 그런데 헌법 보장기관이 단지 헌법재판
소만 있는 것은 아닙니다. 따라서 법원과 헌법재판소 간
의 관계도 간단히 살펴볼 필요가 있습니다. 법원도 법
을 적용하는 재판 과정을 통하여 헌법 보장의 기능을 담
당하고 있지요. 헌법 제107조에 따른 법률의 위헌 심사
제청권이 그것입니다. 즉 법률이 헌법에 위반되는지 여

부가 재판의 전제가 될 경우 법원은 헌법재판소에 제청하여 심판에 따라 재판이 가능하다는 것이지요. 이러한 점 때문에 법원도 헌법재판소와 함께 헌법수호의 한 획을 담당하고 있습니다. 헌법재판소가 하는 대표적인 관장 업무를 살펴보겠습니다. 물론 헌법재판소 기능 중에는 국가기관과 지자체 간의 권한쟁의에 관한 심판도 있지만, 이는 정부 조직과 관련한 심판이므로 이 장의 맥락과 지면 제한 상 생략하였습니다. 헌법재판소의 주요 기능은 '심판'입니다. 심판이란 어떤 문제와 관련된 일 또는 사람에 대하여 잘잘못을 가려 결정을 내리는 것입니다. 법률적으로는 심리(審理)와 재판(裁判)을 아우르는 말이지요.

독자 앞서 특검법에서 다루었지만, 박근혜 전 대통령의 탄핵 인용은 충격이 아닐 수 없었습니다. 탄핵의 단초가 된 것은 특검법이지만 탄핵 인용은 헌법재판소법에 의한 것이지요?

정 변호사 탄핵이란 죄나 잘못을 따져 묻는 것입니다. 영어로는 탄핵을 'impeachment'라고 하며, 구속하다, 묶다, 방해하다 라는 뜻을 가집니다. 법률적으로 탄핵은 일반적인 절차에 따른 파면이 곤란하거나 검찰 기관에 의한 소추가 사실상 어려운 대통령이나 법관 등의 고위공무원을 국회에서 소추하여 파면하거나 처벌하는 제도입니다.

우리나라의 경우 탄핵 방법은 다음의 과정을 거칩니다. 먼저 국회에서 소추 및 의결을 한 후에 의결이 통과되면 탄핵 대상자 권한이 소추서 송달 시 정지되고 이후 헌법재판소에서 탄핵의 최종 여부를 결정함으로써 완성되지요. 국회에서 필요 정족수는 피소추인의 신분에 따라 각각 다르며, 헌법재판소에서는 6인 이상의 인용 의견이 있어야 합니다. 탄핵 대상자가 대통령이라면 국회 재적의원 과반수 발의와 국회 재적의원 3분의 2 이상 찬성이 필요합니다. 국무총리·국무위원·행정 각부의 장이나 헌법재판소 재판관·대법관·법관·검사·중앙선거관리위원회 위원·감사원장·감사위원·기타 법률이 정한 공무원의 경우에는 국회 재적의원 3분의 1 이상 발의와 국회 재적의원 과반수 찬성이 있으면 되지요.

참고로 미국의 경우 하원의 소추와 상원의 심판이라는 두 가지 절차로 이루어집니다. 다만 하원의 소추가 있음에도 일단은 무죄 추정의 원칙을 존중하여 그 권한을 정지하지는 않습니다. 이후 상원에서 탄핵 여부를 심사하며 연방대법원이 관여하지는 않습니다. 또한 탄핵이 되면 사면을 금지하는 명문의 규정을 두고 있지요. 일본의 경우에는 헌법과 탄핵재판소법에 의하여 탄핵재판소에서 재판하며, 국가공무원법에 따른 탄핵의 경우에는 최고재판소에서 재판합니다.

독자 그렇다면 우리나라의 탄핵 사례는 얼마나 있을까요?

정 변호사 대한민국 임시정부를 포함한다면 총 23차례의 탄핵이 있었지요. 대통령에 대한 탄핵 3차례, 대법원장과 대법관에 대한 탄핵 2차례, 각 부 장관 7차례, 검찰총장 및 검사 11차례가 그것입니다.

독자 대통령에 대한 탄핵이 3차례라고요? 노무현 전 대통령이 처음이고, 박근혜 대통령이 두 번째라서 총 2차례 아닌가요?

정 변호사 아닙니다. 임시정부를 포함한다면 3차례가 맞습니다. 먼저 1925년 3월 23일, 대한민국 임시정부의 이승만 대통령이 의정원의 탄핵 의결로 대통령직에서 면직된 기록이 있습니다. 다음 2004년 3월 12일, 제16대 대한민국 대통령 노무현에 대한 대통령 탄핵 소추가 있었지요. 탄핵 사유는 공직선거 및 선거 부정 방지법이 정한 중립의무 및 헌법 위반입니다. 당시 탄핵소추안은 국회에서 가결되었지만, 이후 2004년 5월 14일 헌법재판소 기각 결정으로 대통령직에 복귀하였지요.

독자 기억이 납니다.

정 변호사 2016년 12월 9일에서 2017년 3월 10일 사이에는 박근혜-최순실 게이트 등의 헌법과 법률 위반 혐의를 사유로 박근혜 대통령 탄핵소추안이 국회에서 가결되었습니다. '2016 헌나 1 대통령(박근혜) 탄핵' 사건이며, 주문은 "대통령 박근혜를 파면한다."라는 것이었습니다. 주요 탄핵 소추 사유는 비선 실세의 활용, 대통령 권한의 남용. 언론자유의 침해, 세월호 참사에 따른 생명권 보호 의무 위반 및 뇌물 수수였으나 이 중에서 파면의 사유로 채택된 것은 비선 실세 뇌물 수수와 관련된 권한 남용이었습니다. 당시 탄핵의 큰 쟁점 중의 하나였던 세월호 사건에 대해서는 참사 당일 피고인 박근혜가 직책을 성실히 수행하였는지 여부는 탄핵심판절차의 판단 대상이 되지 아니한다고 결정되었습니다. 그러나 재판관 김이수와 재판관 이진성은 세월호 사건에 대한 피고인의 불성실한 대응과 거짓 진술에 대한 보충 의견을 내었지요. 제18대 대통령 박근혜는 2017년 3월 10일 헌법재판소 인용 결정으로 대통령직에서 파면되었습니다.

대한민국 대통령의 탄핵 사례

성명	직책	국회(의정원)			헌법재판소	
		제안일	의결일	결과	결정일	결과
이승만	대통령		1925. 3.23	면직		
노무현	〃	2004. 3. 9.	2004. 3.12.	가결	2004. 5.14.	기각
박근혜	〃	2016.12. 3.	2016.12. 9.	가결	2017. 3.10	인용

독자   정당을 해산한 심판판례도 있었지요?

정 변호사   맞습니다. 위헌정당해산제도는 대한민국 헌법 제8조에 근거를 두고 있습니다. 민주적 기본질서를 침해하는 비민주적 정당의 조직적 활동으로부터 헌법 질서와 민주주의를 지키기 위한 헌법 보장제도를 말하지요. 이는 방어적 민주주의에 기반을 둠으로써, 자유의 이름으로 자유를 파괴하거나, 민주주의의 이름으로 민주주의를 파괴하려는 행위를 방지하는 제도입니다.

우리나라는 제1공화국 당시 진보당이 정부의 처분으로 해산되는 경험을 겪고 나서 정당의 헌법적 보장을 위해 제2공화국에서 처음으로 헌법상 정당의 해산 제도를 도입하여 헌법재판소의 판결에 의해서만 해산되도록 규정하였습니다. 그 후 제3공화국 헌법에서는 대법원에 의한 정당해산 조항을, 제4·5공화국 헌법에서는 헌법위원회에 의한 정당해산 조항을 두었다가, 제6공화국 헌법에서 헌법재판소를 두어 정당해산을 심판하게 하고 있습니다. 2013년 현재 대한민국 법무부는 이 법률에 따라 헌정사상 최초로 원내 6석의 의석을 가진 통합진보당에 대한 해산심판을 청구한 사건이 있었지요. 이에 해당 정당은 헌법재판소에 의해 해산되었습니다.

2013년 11월 5일 대한민국 국무회의는 법무부가 긴급 안건으로 상정한 '위헌정당해산심판 청구의 건'을 심의·의결했지요. 정부가 위헌정당해산제도에 따라 정당에 대한 해산심판을 청구한 것은 헌정사상 처음이었습니다. 당시 대통령 박근혜는 유럽 출장 중 전자 결재를 하였습니다. 통합진보당이 위헌 정당으로 해산될 경우 소속 의원 전체 자격상실 여부에 관해서는 어느 법률에도 명시적 규정이 없었습니다.

2014년 11월 25일 최종변론이 끝나고, 같은 해 12월 19일 헌법재판소 선고에서 인용이 결정되었습니다. 이 결정에서 헌법재판소는 통합진보당 소속 국회의원 5명의 의원직 상실도 선고하였습니다. 여기서 쟁점은 3가지로 압축됩니다. 첫째 내란음모 혐의 단체와의 동일성 여부입니다. 통합진보당의 경기도 당원들로 구성되었다고 하는 단체가 내란음모 혐의를 받는 사건과 관련하여 이 단체를 통합진보당과 동일하게 볼 수 있는지가 통합진보당의 활동이 위헌성을 갖는지 보려 하였습니다. 둘째 비례대표 부정 경선 및 야권단일화 경선 여론 조작과 관련하여 헌법재판소는 통합진보당 비례대표 부정 경선 사건, 중앙위원회 폭력 사건, 국회의원 관악을 선거구 여론 조작 사건 등, 내란 및 강령 이외 피청구인의 기타 활동과 관련해서도 판시하였습니다. 이어 헌법재판소는 "해당 사건들이 내용적 측면에서는 국가의 존립·의회제도·법치주의 및 선거제도 등을 부정하는 것이고, 수단이나 성격의 측면에서는 자신의 의사를 관철하기 위해 폭력·위계 등을 적극적으로 사용하여 민주주의 이념에 반하는 것이다."라고 판시하였지요. 마지막 쟁점으로 통합진보당은 정당해산 심판에서 민사소송법을 준용하는 조항 등이 헌법에 위배된다고 헌법소원을 제기했지요. 그러나 헌법재판소는 2014년 2월 27일 정당해산 심판에서 민사소송법을 준용하는 것이 합헌이라고 판결했습니다. 결국, 2014년 12월 19일 헌법재판소는 2013헌다1 통합진보당 해산 사건에 대해 9인의 재판관 판결에서 인용(찬성)

의견 8인, 기각(반대) 의견 1인으로 청구를 인용하는 결정을 내렸습니다. 주문에 따라 피청구인 통합진보당을 해산하였으며, 피청구인 소속 국회의원 김미희, 김재연, 오병윤, 이상규, 이석기는 의원직을 상실하였습니다. 그 후 통합진보당 측은 직위 상실의 오류 등을 이유로 2015헌아20 재심신청을 냈지만 결국 2016년 5월 26일 각하되었습니다.

독자 헌법소원 심판은 무엇인가요?

정 변호사 헌법소원 심판은 공권력의 행사 여부로 인하여 헌법상 보장된 기본권을 침해받은 당사자가 법률에 따라 더 이상 권리를 구제받을 수 없을 때 헌법재판소에 청구하여 헌법에 따른 최후의 권리구제 절차입니다. 그동안 헌법재판소는 법률에 의한 구제 절차가 없을 때 할 수 있는 헌법소원 사건에서 '권리구제의 이익이 없다'라는 이유로 대부분 각하 결정을 내리기도 했습니다.

2011년 11월 여의도에서 FTA 반대 집회를 개최한 뒤 국회의사당 쪽으로 행진을 시도하자 당초 신고한 집회 범위를 벗어났다고 판단하여 서울 영등포경찰서는 한미 FTA 저지 범국민운동본부 등의 시위 참가자들에게 물대포를 발사하였습니다. 경찰이 한미 FTA 시위대에게 물대포를 발사한 행위에 대해 집회 참가자들이 기본권 침해라며 헌법소원을 냈으나 그 당시에는 각하되었습니다. 헌법재판소는 FTA 반대 집회에 참여했던 박희진 한국청년연대 공동대표 등 2명이 제기한 헌법소원에 대해 재판관 6(각하) 대 3(위헌) 의견으로 각하 결정하였지요.

당시 헌법재판소는 "물대포 발사 행위가 이미 종료돼 청구인들의 기본권 침해 상황도 마무리된 만큼 헌법소원을 제기할 실익이 없다."라며 각하 이유를 설명했습니다. 이어 "관련 법과 대법원 판례에 따르면 물대포는 타인의 법익이나 공공의 안녕질서에 직접적이고 명백한 위험을 초래하는 집회나 시위에 대해 구체적 해산 사유를 알리고 최소한의 범위에서 쓰도록 되어 있다."라며 "앞으로 집회 현장에서 당시처럼 근거리에서 물대포를 발사하는 행위가 다시 반복될 가능성이 있다고 보기 어렵다."라고 밝혔습니다. 그런데 2018년 물대포 사건에 대한 다른 판결이 내려졌습니다. "물대포를 사용한 집회가 종료되었다는 이유로 기본권 침해가 종료되었으며, 권리구제의 이익이 없다."라는 이유의 예전 각하 결정을 뒤집은 위헌결정이 내려졌습니다.

독자   헌법소원은 어떻게 청구하나요?

정 변호사 헌법소원을 청구하려면 몇 가지 까다로운 요건을 갖추어야 합니다. 첫째, 공권력 행사나 불행사에 의한 기본권 침해 사유가 있음을 안 날로부터 90일 이내에, 그 사유가 있는 날부터 1년 이내에 청구하여야 합니다. 둘째, 다른 법률에 따른 구제 절차를 거친 헌법소원의 심판은 그 최종결정을 통지받은 날부터 30일 이내에 청구하여야 합니다. 위헌법률심판제청 신청 사건이 기각된 때도 30일 이내로 하여야 합니다. 셋째, 심판 절차에서 당사자 사인(私人)은 변호사를 대리인으로 선임하지 않으면 심판청구나 심판 수행을 하지 못합니다. 마지막으로 헌법소원 심판의 청구가 부적법하거나 그 흠결을 보정할 수 없는 경우 헌법소원의 청구가 어렵습니다.

재판관 심리 후 다음 네 가지 결정이 있습니다. 첫째는 인용입니다. 인용이란 위헌이란 말이지요. 이 경우 헌법재판소는 재판관 9인 중 7인 이상의 참석, 6인 이상의 찬성으로 청구를 인용합니다. 이때 주문의 형식은 다음 두 가지가 있습니다. 권리구제형 헌법소원의 경우에는 "피청구인이 ○○○한 행위는 ○○권을 침해한 것으로서 위헌임을 확인한다."라는 것과, 위헌심사형 헌법소원의 경우에는 "○○법은 헌법에 위반된다."가 있습니다. 둘째는 기각입니다. 합헌이란 의미이며, 청구인의 청구가 이유 없다는 의견이지요. 즉 기각 의견이 다수이거나 인용(위헌) 의견이 인용 정족수인 6인에 미달할 경우에는 청구인의 청구를 기각합니다. 이때 주문은 "청구인의 청구를 기각한다." 또는 "○○법은 헌법에 위반되지 아니한다."로 기술됩니다. 셋째는 각하입니다. 청구인의 진술문이 법적 요건을 갖추지 못해 부적법한 경우 헌법재판소는 지정재판부 재판관 3인의 일치된 의견 또는 전원재판부 다수의견으로 청구를 각하합니다. 주문 내용은 "청구인의 청구를 각하한다."라고 적습니다. 넷째는 심판절차 종료선언입니다. 이 경우에는 청구인이 사망하거나 심판 절차를 취하하는 등의 이유로 심판 절차 관계를 종료하는 과정입니다. 본안판단에 들어가지 않는다는 점에서 각하 결정과는 유사하지만, 청구인의 청구가 적법하나 전술한 사유에 따라 절차를 종료한다는 점에서 다소 차이가 있습니다.

독자 위헌법률 심판은 무엇인가요?

정 변호사 위헌법률심판은 국회에서 제정한 법률이 헌법에 위반되는지 여부를 헌법재판소가 심사하는 것을 말합니다. 국회가 만든 법률이나 법률과 동등한 효력을 갖는 대통령

긴급명령, 조약, 일반적으로 승인된 국제 법규가 헌법에 위반되는지를 심사하고 헌법에 위반된다고 판단되는 경우 그 법률에 대해 효력을 잃게 하거나 적용하지 못하게 하는 헌법재판소의 재판이지요. 위헌법률심판을 받으려면 심판 대상이 법률 또는 법률조항이어야 하고, 재판의 전제성을 갖추어야 하며, 법원 제청이 있어야 합니다.

또한 위헌법률 심판은 헌법 제107조 제1항, 헌법재판소법 제41조 제1항이 근거 조항입니다. 주요 내용은 법률이 헌법에 위반되는지 여부가 재판의 전제가 된 경우에는 당해 사건을 담당하는 법원은 직권 또는 당사자의 신청에 의한 결정으로 헌법재판소에 위헌 여부 심판을 제청합니다. 이러한 요건을 갖추면 제청 법원·사건·당사자를 표기하고, 위헌이라고 해석되는 법률 또는 법률조항에 대한 이유 등을 기재한 제청서를 헌법재판소에 제출하면 됩니다.

따라서 헌법재판소의 심판 대상은 제청된 법률 또는 법률조항의 위헌 여부만 결정합니다. 한정 위헌·한정 합헌(일부 특정한 상황에서 위헌인지 합헌인지를 결정) 또는 헌법 불합치 결정(경과 기간을 두어 입법기관이 법률을 개정하지 않으면 법률의 효력을 상실하는 결정)을 하기도 합니다. 2018년 헌법재판소는 국회, 법원, 국무총리 공관 앞 100미터 이내에서 집회를 전면 금지하는 것은 위헌이라고 판단하였지요. 이에 따라 절대적 금지규정에 관하여 잠정 적용 헌법불합치결정을 한 사례가 있습니다.

법률에 위헌결정이 내려지면 헌법재판소는 제47조 1항과 2항에 따라 법원과 그 밖의 국가기관 및 지방자치단체를 기속(羈束)할 수 있습니다. 또한 위헌으로 결정된 법률 또는 법 조항은 그 결정이 있는 날부터 효력을 상실합니다. 우리나라에서 위헌결정이 된 최초의 법률은 1989년 1월 25일 위헌결정을 했던 국가를 상대로 하는 재산권 청구에서 가집행을 제한하는 소송 촉진에 관한 특례법 제6조(1988헌가7)입니다.

그런데 대한민국 헌법은 위헌법률 심판 대상이 될 수 없습니다. 이유는 헌법 규정이 다른 헌법 규정을 위반하여 위헌이라는 논증을 하려면 헌법 규정 간의 규범적 우열이 있어야 하는데, 이를 인정하는 것은 무리가 있다고 판단하기 때문이지요. 또한 관습법도 위헌법률심판의 심판 대상이 될 수 없습니다. 법원은 관습법을 대상으로 하는 위헌법률심판제청에 대해서는 각하 결정을 내립니다. 다만 헌법소원 심판을 통해서 관습법의 위헌성 여부를 다

툴 수는 있습니다.

독자 아, 그렇군요.

정 변호사 법원이 법률의 위헌 여부를 헌법재판소에 제청한 때에는 당해 소송사건의 재판은 헌법재판소의 위헌 여부 결정이 있을 때까지 헌법재판소법 제42조 1항에 따라 당해 소송 사건의 재판은 정지됩니다. 재판절차의 정지 규정을 두고 있는 것은 권리구제의 실효성을 확보하기 위함입니다. 만약 헌법재판소에서 위헌법률심판이 계속되고 있는 데 형사재판을 계속 진행한다면 헌법재판소의 결정이 나오기 전에 유죄판결이 나와버릴 수도 있기 때문이지요. 이 경우 문제가 되는 것은 판사가 위헌법률심판제청 신청을 기각하고 헌법소원 심판청구(헌법재판소법 제68조 2항)를 하는 경우입니다. 그런데 헌법소원 심판청구에 있어서 재판절차 정지를 준용하는 조항이 없습니다. 이 경우에는 재판절차가 정지되지 않습니다. 따라서 헌법재판소의 위헌결정이 첫째, 법원의 판결 확정 이후라면 재심절차를 통하여, 둘째, 법원의 판결 확정 전이라면 상소하여 구제받아야 합니다.

재판관의 양심과 독립적인 심판!

독자　헌법재판소법과 관련하여 추가로 해주실 말씀이 있다면 밝혀주십시오.

정 변호사　헌법재판소법 제4조에 '재판관은 헌법과 법률에 의하여 양심에 따라 독립하여 심판한다'라고 규정하고 있습니다. 유념해야 할 개념이 있습니다. 바로 양심입니다. 재판관이 헌법과 법률에 의하면 될 텐데 왜 굳이 '양심에 따르라'라는 문구를 덧붙여 있을까요? 양심의 사전적 의미는 사물의 가치를 변별하고 자기 행위에 대하여 옳고 그름과 선과 악의 판단을 내리는 도덕적 의식을 뜻합니다. 그런데 여기서 양심은 도덕적인 양심을 아우르는 직업적 법적 양심을 의미합니다.

1987년 헌법재판소가 헌법으로 성문화가 된 지 어언 36년이라는 세월이 흘렀습니다. 그동안 헌법재판소법은 20차례의 개정을 거쳤습니다. 상당 부분의 결정문이 헌법재판소에 축적되는 정착기에 이르렀다고 볼 수 있지요. 그럼에도 '헌법과 법률에 따라서', 그리고 '양심에 따라서'라는 재판관의 독립을 강조한다는 의미는 아마도 헌법재판소가 올바로 나아가야 할 방향을 다시 한번 강

조하는 경구라고 보아도 무방할 듯싶습니다. 헌법재판소
가 항상 염두에 두어야 할 몇 가지를 짚어보겠습니다.

첫째, 헌법수호 기관인 헌법재판소가 하는 일은 단순히
법적 적용을 뛰어넘어 사회적 파장이 큰 사건들에 관한
심판이 많습니다. 정치적으로 민감한 사건들은 헌법재판
소 자체적으로도 매우 큰 부담으로 다가오죠. 따라서 즉
시 처리하지 못하고 시간을 질질 끌면서 사회적 열기가
식을 때까지 기다리는 경우도 발생할 수 있습니다. 이러
다 보면 최악의 경우에 재판관의 임기 6년 동안 결정을
미루다가 퇴임 때까지 사건의 심판을 결정하지 못하는
가능성을 배제할 수 없겠지요.

둘째, 헌법재판소의 결정이 사회적·경제적 기득권층과
충돌하는 매우 곤란한 사건들을 들 수 있습니다. 이런 경
우 헌법불합치 등의 법적 논리와 외국 판례를 인용하여
무난(?)하게 사건을 해결할 수도 있습니다. 예전 국가보
안법 제7조에 대한 한정 합헌 결정이 대표적인 사례로 생
각됩니다.

셋째, 헌법 논리에 대응하는 재판관의 능력을 들 수 있습
니다. 1990년부터 1994년까지 헌법재판소 자문위원을
한 어느 법과대학 교수의 지적이 있습니다. 그 교수가 헌

법재판소 자문위원으로 활동할 당시 헌법재판관 중 단 한 명도 헌법 전문가가 없었다는 사실을 토로하였습니다. 이 말은 헌법재판소법이 20차례 개정되는 과정에서 헌법 연구관과 관련된 조직 운영에 관한 개정이 여러 차례 나왔다는 사실과 일맥상통한다고 판단됩니다. 헌법재판소는 헌법수호 기관입니다. 따라서 헌법재판소의 역할이 제대로 이루어지기 위해서는 항상 헌법적 논리에 대응하려는 조직적인 내실화가 이루어져야 할 것입니다.

마지막으로 헌법재판소의 심판은 헌법재판관이 합니다. 재판관의 자질에 대하여 법조계에서 회자하는 문구가 있습니다. "재판관 제일의 조건은 신사(gentleman)여야 한다. 거기다 법률을 조금이라도 알면 좋고…." 여기서 말하는 '신사'를 우리나라 문화로 표현한다면 아마도 '선비 정신을 갖춘 사람'이라 해석할 수 있겠지요. 사람됨에 있어서 비루하지 않고, 고결과 공손을 갖춘 사람! 학식이 있고 행동과 예절이 바르며 의리와 원칙을 지키고 관직과 재물을 탐내지 않는 인품을 지닌 사람이겠지요.

그런데 '법률을 조금이라도 알면 좋고…'라는 글귀는 사뭇 의미심장합니다. '법률가에게 법률을 조금이라도 알면 좋다!'라는 이 말에는 '언중(言中)'의 의미가 있습니다.

재판관이란 법적 적용과 판단에 대한 능력을 이미 인정 받은 사람입니다. 그럼에도 법정에 들어서면 법의 적용이 마치 구슬 꿰듯이 술술 이어지는 경우는 별로 없습니다. 법적 분쟁이란 이해관계자의 다툼이라는 구체적인 쟁송에 있어서는 100% 들어맞는 법 규정이나 선례를 찾는다는 것은 매우 어렵습니다. 이러한 경우 작동되어야 하는 재판의 기준은 바로 '오로지 양심에 따라 헌법적으로 판단'해야 한다는 것입니다.

독자   이제 마무리를 해야 할 시간인 것 같습니다. 긴 시간 좋은 말씀 감사합니다.

정 변호사   감사합니다. 수고하셨습니다.

헌법재판소법 핵심 요약

① **정식명칭** 헌법재판소법

② **연혁** 1987년 제9차 개헌에서 독일식 헌법재판소 제도를 도입. 1988년 9월 1일 시행. 제2공화국 때 처음 헌법재판소가 설치되었다가 제3공화국 때 폐지되었고, 제6공화국이 성립되면서 다시 헌법재판소가 설치되었다.

쉽게 풀어 쓴 특별법 이야기

지금까지 여러분들과 특별법 이야기를 나누어 보았습니다. 다소 궁금해하는 내용들을 가능한 한 알기 쉽게 풀어보고자 하였습니다. 사실 일상적인 생활을 평화롭게 이어가는 사람들에게는 법이라는 제도가 그리 가깝게 느껴지지는 않습니다.

특히 일반법보다는 어떤 법적 수요가 필요하면 그때마다 법을 만들어 시행하는 사례가 적지 않은 특별법의 천국이 우리나라입니다. 특별법이 일반법보다 먼저 적용된다는 점, 사회 현실을 반영하는 법적 수요 변화에 신속히 반응해야 한다는 점, 민주 사회의 수준을 가늠할 수 있는 시대적 정의를 측정할 수 있는 점 등이 특별법의 특징입니다. 그래서 우리는 '특별법에 대해서 어느 정도는 알아야 한다'라는 것이 글쓴이의 생각입니다.

법에는 원리가 들어가 있습니다. 그 원리의 대표적 명사가 '정의'입니다. 그래서 법과 정의의 관계를 고민하는 글들이 많습니다. 굳이 법학자의 의견을 구하지 않더라도 사전적 의미만으로 법과 정의가 맥락이 닿는다는 것을 알 수 있습니다. 원리란 무엇인가? 사물의 근본이 되는 이치입니다. 그렇다면 이치는 무엇인가? 도리에 맞는 취지입니다. 더 나아가 도리는 무엇인가? 사람이 어떤 입장에서 마땅히 행하여야 할 바른길입니다. 법의 원리, 즉 법리가 그렇다면, 정의란 무엇인가? 진리에 맞는 올바른 도리입니다. 마땅히 해야만 하는 올바른 길! 특별법도 특별법의 특징이 가미되었다는 점만 다를 뿐 법과 정의의 관계와 마찬가지입니다.

몇 년 전 프랑스 루브르 박물관에서 함무라비 법전 원형을 본 적이 있습니다. 기원전 1750년경 고대 바빌로니아 왕조 제6대 함무라비 왕은 약 2미터 되는 돌기둥에 법문을 새겨 놓았습니다. 눈에는 눈! 이에는 이! 이 법문의 의미를 '당한 만큼 그대로 갚아 주라'라고 해석할 수도 있습니다. 그런데 이를 '그들의 부모, 형제, 부족 간의 싸움으로 번지지 않도록 과도하게 복수하지 말라'라는 뜻을 강조한 것으로 볼 수도 있습니다.

함무라비 법전 이야기를 언급한 것은 법과 정의를 인식하는 관점이 불변이 아니며, 법에 대한 인식이나 해석은 변할 수 있다는 점 때문입니다. 법과 정의 모두 시간적, 공간적, 역사적으로 시대적 맥락의 한계를 벗어날 수 없습니다. 특별법은 시대 상황에 따른 법적 수용에 대응하여 유연하고도 신속하게 사회 정의를 반영합니다. 이러한 점 때문에 성숙한 민주 사회라는 것을 가늠할 수 있는 기준으로 우리가 특별법에 관해 관심을 가져야 한다는 것입니다.

이제 특별법 이야기를 마치고자 합니다. 이 책은 여러 가지로 부족한 점이 많습니다. 그것은 오로지 글쓴이의 책임입니다. 부족한 부분에 대해서는 추후에 보다 좋은 내용과 경험사례를 덧붙인 증보판이나 또 다른 특별법을 더 소개하는 속편을 발간할 생각을 하고 있습니다. 다만 처음 발간하는 "쉽게 풀어 쓴 특별법 이야기"는 '특별법'에 대한 우리의 관심이 더욱 필요하다는 생각을 가지고 나름대로 정성을 기울였다는 사실을 위안으로 삼고 싶습니다. 특별법 천국인 우리나라에서 특별법을 연구하는 환경과 국민을 위한 보다 좋은 법안이 만들어지기를 학수고대하는 많은 분께 조금이나마 도움이 되기를 바랍니다.

1. 김영란법의 핵심

김영란법의 핵심은 3가지예요. 금품을 수수하지 말라, 부정 청탁을 하지 말라, 외부 강의 수수료를 제한한다. 안 그러면 처벌하겠다. 최근까지 적용하는 것은 음식물 접대 상한선 3만 원, 경조사비 5만 원(화환 포함 10만 원), 선물 10만 원(농수산물 포함 10만 원)이 핵심입니다. 이른바 3-5-10 제도였죠. 그러나 최근 2023년 8월 29일 김영란법 개정안이 국무회의를 통과했습니다. 선물 한도가 기존 10만 원에서 15만 원으로 늘어난 게 핵심입니다. 특히, 설날과 추석 명절 땐 30만 원으로 상한액이 두 배 높아집니다.

2. 김영란법의 파장

만들어진 계기라든가, 실질적으로 적용해서 사회에 미치는 파장 측면에서 보면 사실상 김영란법은 굉장한 법인 것만은 분명합니다. 이슈라는 것은 공무원이 뇌물을 받아서 신문에 나고 하는 것들을 말하는데, 그런 의미보다는 사회라는 전체적인 큰 틀로 봤을 때 끼치는 영향이 상당하다 할 수 있습니다. 그러니까 공소시효나 벌금 등에 비해서 사회에 상당한 파급효과를 일으키는 특별법 중 하나가 바로 김영란법입니다. 학교에서 촌지가 사라지는 결정적인 원인을 제공하기도 했으니까요.

3. 성매매 합법화 국가

성매매가 합법인 국가보다 불법인 국가가 더 많지만, 특이하게도 OECD 회원국들의 대부분은 성매매를 합법화한 상태라고 해요. OECD 회원국 35개국 중 대한민국과 슬로베니아 2개 국가에서만 성매매가 전면 금지되고 있습니다. 많은 국가가 성매매에 규제가 약해서 사실상 묵인하고 있는 걸로 보입니다. 또 어떤 국가는 성행위 중에서도 '삽입'의 경우에만 처벌하는 곳도 있습니다. 선진국일수록 성매매가 합법화된다는 것은 여성 인권의 측면에서는 선진적이라고 보이지 않습니다.

4. **성매매 피해자**

성매매방지특별법에는 성매매를 강요당한 피해자를 처벌하지 않는다는
규정을 만들었어요. 성매매 피해자로 부를 수 있는데 4가지로 규정했죠.
첫째는 인신매매를 당했을 때, 둘째는 미성년자 혹은 장애인일 때, 셋째
는 약물에 의한 성매매 혹은 위계일 때, 넷째는 위력으로 성매매를 강요
당했을 때를 말해요. 문제는 몇 가지만 빼면 현장에서 자발적 성매매 여
성과 성매매 피해자를 구분하는 것은 현실적으로 쉽지 않거나 별 의미가
없다는 것이죠.

5. **성폭력, 성희롱, 성추행**

본래 '성폭력'은 폭행이나 협박 등이 있어야 성립됩니다. 여기서 말하는
폭행이나 협박은 상당히 강한 의미를 갖고 있습니다. 상대방을 억압할
정도의 수준을 말합니다. 쉽게 말해서 강간 정도의 행위를 뜻합니다. 성
폭력 수준이 아닌 상황에서의 행위를 '성추행', '성희롱'이라고 할 수 있습

니다. 다시 말해 강압적이지는 않더라도 상대방에게 성적 수치심을 느끼게 할 때 '성추행'의 범주에 듭니다. 당연히 추행은 처벌받습니다. '성희롱'은 법률용어라기보다는 사회적인 용어라고 보면 됩니다. 그러므로 처벌을 받기 위해서는 강제추행 정도의 상황이 있어야 하는 겁니다.

6. 성범죄 대처법

성폭행을 당하셨다면 증거나 여러 가지 정황 등이 없어지기 전에 신속하게 경찰서에 고소하셔야 합니다. 공소시효만 믿고 나중에 신고한다는 것은 의미가 없어요. 성폭행을 당했을 경우에 장소나 교통수단, CCTV 영상의 보관 기간 등의 변화가 예상되기 때문이에요.

7. 미투운동과 서지현 검사

서지현 검사의 폭로가 2016년에 불기 시작했던 '문단 내 성폭력'의 고발로 이어지면서 미투운동이 확산하는 계기가 됐습니다. 최영미 시인이 시를 통해 문제를 제기했었고, 방송에 출연해서 폭로한 셈이었죠. 2019년 2월 15일, 고은 시인은 성추행 의혹을 제기한 최영미 시인과 언론사를 상대로 10억 원대의 손해배상 소송을 제기했으나 패소했습니다.

8. 성폭력처벌법과 비친고죄

성폭력처벌법을 살펴보면서 사건이 발생했을 때 주목해야 할 부분이 있는데요, 첫째는 '비친고죄'로 고소가 없더라도 처벌할 수 있도록 법규가 바뀌었다는 것입니다. 예전에는 신고가 없거나 피해자와 합의를 봤다면 기소할 수 없었으나 법 규정이 바뀌었다는 것을 염두에 둘 필요가 있죠. 둘째는 위계나 위력에 의한 행위가 성폭력을 판단하는 데 중요한 요소가 될 수 있으니, 사건이 발생했을 때는 반드시 증거를 남겨야 하고 망설이지 말고 신속하게 신고해달라는 것입니다.

9. 특별검사제도와 독립성

특별검사제도란 고위 공직자의 비리 혐의가 발견되면 행정부로부터 독립된 변호사를 선정해 범죄 수사와 공소제기를 담당하게 하는 제도를 말합니다. 이 제도의 취지는 공무원인 일반검사가 특권층이나 자체 비리 의혹을 수사할 경우, 부당한 상급자의 간섭에서 자유롭지 않다는 한계를 보완하기 위해 만든 제도입니다. 따라서 현 정권, 검찰 상부 및 법무부 장관의 지시나 간섭을 받지 않고 특별검사가 독립적인 위치에서 수사할 수 있다는 장점이 있습니다.

10. 미국의 특별검사제도 폐지

우리 특검제는 미국 특별검사제도를 모델로 하고 있습니다. 미국은 21·22대 대통령이었던 그랜트가 개인 비서의 탈세 혐의를 수사하기 위해 특별검사를 임명한 것이 처음입니다. 그런데 미국의 특검제는 1999년 6월 30일에 폐지되었습니다. 1998년 당시 4천만 달러, 우리 돈

약 400억 원을 들여 클린턴을 조사한 스타 검사가 대통령의 사생활만을 들춰내는 한계를 보이자, 특검의 실효성, 예산 낭비, 위헌 논란 소지 등을 불러일으켜 결국 특별검사제도의 폐지로 이어지게 되었지요.

11. 박근혜-최순실 게이트 특검법

교섭단체 정당인 더불어민주당, 국민의당, 새누리당(현 국민의힘)이 합의해 2016년 11월 17일에 특검법이 국회를 통과했습니다. 김대중 정부 시절에 청와대 민정수석실 사정비서관을 지낸 박영수 변호사가 특별검사로 임명되었죠. 박근혜-최순실 게이트 특검법은 최순실 등 대통령 측근들의 부정부패에 관련 14가지를 수사하고, 수사 과정에서 인지한 범죄 사건도 수사할 것을 규정했습니다. 결국 최순실이 재단법인 미르와 재단법인 케이스포츠의 설립에 관여하여 그 재단을 사유화한 사건이고, 최순실의 딸 정유라가 특혜를 받은 사건 등을 포함하고 있습니다.

12. 5·17 쿠데타

5·17 쿠데타는 1980년 5월 17일, 전두환과 노태우가 하나회(일명 신군부라고 함) 세력이 정권 장악을 위해서 주도한 비상계엄을 확대 조치한 사건입니다. 어수선한 시국을 수습한다는 명목하에 신군부는 1980년 5월 17일 24시부터 비상계엄을 전국으로 확대했지요. 당시 5·17 비상계엄을 전국으로 확대하여 실권을 장악한 하나회 세력은 이 기간 제5공화국 정권을 창출하겠다는 명목으로 인권유린과 헌정을 파괴하는 행위를 자행하게 됩니다.

13. 정의를 정의하라

5·18 특별법은 제정 이후 4차례 개정되었습니다. 이 점은 상당히 중요한 의미를 갖고 있습니다. 4번의 개정이 단지 과거의 청산이더라도 끊임없는 정의 실현을 위한 우리의 노력이 반영되는 점 때문이지요. 여러분들은 진리에 맞는 올바른 도리이자 사회제도의 제1의 미덕인 정의(正義)를

정의(定義)하라면 어떻게 답을 하시겠습니까? 저명한 석학들의 관점과 견해도 다양하기에 이에 대한 물음은 어리석을 수도 있습니다. 그러나 5·18 특별법에서 한 가지 분명한 점은, 이 법에 정의에 대한 본질을 관통하는 부분이 명확히 존재한다는 것입니다.

14. 근로기준법의 법 개정은 39차례

근로기준법이 1997년 3월에 시행된 이후 최근에 개정된 2021년 현재까지 무려 39차례의 개정이 있었습니다. 24년 동안 1년에 1.5번의 개정이 있었다는 것이지요. 이는 이 법의 미비점을 보완하려는 법적 노력으로도 볼 수 있지만, 어찌 보면 근로자의 근로조건 향상이라는 관점에서 아직도 헌법적 기본권에 미흡하다는 반증이 아닌가 생각됩니다. 특히 주목할 만한 사항은 개정 때마다 신설 조항이 상당히 축적되었다는 사실입니다. 다행인 것은 이러한 현상은 근로조건 향상이라는 '법적 수요'에 대응하기 위한 정부의 절차탁마적 노력이라 볼 수 있는 긍정적인 측면도 포함하고 있지요.

15. 문자로 해고통지를 받았다면?

만약 자신이 취직한 회사에서 업무 성과가 좋지 않다고 전화, 문자메시지 혹은 SNS를 통하여 '해고를 통보합니다'라는 내용을 통보받았다면 어떻게 해야 할까요? 대법원 판례에 따르면 문서에 의하지 않은 해고 통지는 무효, 즉 효력이 없습니다. 판례는 사용자가 해고 사유를 서면으로 통지할 경우 근로자의 해고 사유가 무엇인지를 구체적으로 알 수 있어야 하고, 특히 징계해고의 경우에는 해고의 실질적 사유가 되는 비위 내용을 기재하여야 합니다.

16. 직장 내 괴롭힘

직장 내 괴롭힘을 영어로는 'workplace bullying'라고 합니다. 그런데 이러한 문제가 지속되면 피해자의 소진(burn out)상태가 일어나지요. 미국의 직장 내 괴롭힘 협회(Workplace Bullying Institute)의 조사 결과에 따르면 전체 근로자의 27%가 직장 내 괴롭힘을 당한 경험이 있으며, 72%는 자신이 근무하는 직장 내 괴롭힘이 있다고 합니다. 또한 직장 내 괴롭힘을 경험한 전체 피해자의 60%가 여성이고, 여성이 같은 여성을 괴롭히는 사례도 68%로 나오고 있지요.

17. 촛불집회와 벨벳혁명

촛불집회는 말 그대로 시민들이 촛불을 든 시위입니다. 비폭력적인 평화 시위 혹은 추모 형식으로 이루어집니다. 그렇다면 촛불집회는 어디서 유래했을까요? 이를 알아보기 위해 35년 전 일어난 벨벳혁명으로 거슬러 올라가겠습니다. 이를 벨벳혁명이라 부르는 까닭은 부드러운 천인 벨벳처럼 피를 흘리지 않고 평화적 시위로 정권교체를 이뤄냈기 때문입니다. 벨벳혁명은 1989년 당시 체코슬로바키아의 공산 정권을 무너뜨린 시민혁명으로, 피를 흘리지 않은 무혈 혁명이었죠.

18. 집시법 제정 이유

집시법의 공식 명칭은 '집회 및 시위에 관한 법률'입니다. 이 법은 1963년 1월 제정된 이후로 16번의 개정을 했습니다. 법규에 맞는 집회 및 시위를 최대한 보장하되, 법규를 어긴 시위로부터 국민을 보호함으로써 집회 및 시위의 권리 보장과 공공의 안녕질서가 적절히 조화로울 수 있도록 한다는 것이 제정 이유입니다.

19. 집회와 시위의 차이점

집회는 특정 또는 불특정 다수인이 공동 의견을 형성하여 이를 대외적으로 표명할 목적으로 일시적으로 일정한 장소에 모이는 것입니다. 시위는 여러 사람이 공동의 목적을 가지고 도로, 광장, 공원 등 일반인이 자유로이 통행할 수 있는 장소를 행진하거나 위력을 보이며 불특정한 여러 사람의 의견에 영향을 주는 행위라고 규정하고 있습니다. 다수의 공동 목적이라는 점에서는 유사한 성격을 띠지만, 일정한 장소에 모인다는 것과 행진 혹은 위력을 보인다는 점에서는 차이를 보이지요. 즉 집회와 시위 간에는 속성상 유사점이 있는 반면에 차이점도 있습니다.

20. 채무자회생법의 개정 횟수는 38번

채무자회생법은 2023년 현재까지 38번의 개정이 있었습니다. 주목할 만한 점은 제정 이후 18년 동안 연 2.1회, 1년에 두 번 이상 개정되었다는 점이지요. 이러한 이유로는 타법 개정(55%)이 일부개정보다 상당 부분 많았다는 점을 들 수 있습니다. 그러나 보다 중요한 점은 채권·채무 관계에 대한 이해 관계인의 법적 수요가 그만큼 많았다는 것입니다.

21. 회생과 파산

회생과 파산은 개인이나 법인이 경제적으로 파탄 상태에 직면하였을 경우의 법적 처리 절차입니다. 개인의 경우에는 일정한 수입이 있다면 개인회생을, 일정한 수입이 없다면 파산을 신청할 수 있습니다. 회사와 같은 법인의 경우에는 다시 재기할 가능성이 있다면 회생을, 그렇지 않을 경우 파산신청을 하면 됩니다.

22. 개인회생과 개인파산

개인회생제도는 채무자에게 일정한 수입이 있는 것을 전제로 채무자가 원칙적으로 3년간 원금 일부를 변제하면 나머지를 면책받을 수 있는 제도입니다. 단, 채무자회생법 제611조 제5항 단서의 경우에는 5년입니다. 이에 반해 개인파산제도는 모든 채권자가 평등하게 채권을 변제받도록 보장함과 동시에 채무자에게 면책 절차를 통하여 남아 있는 채무에 대한 변제 책임을 면제받아 경제적으로 재기 혹은 갱생할 기회를 부여하는 것입니다. 개인파산을 신청하는 이유는 주로 파산선고를 거쳐 면책 결정까지 받음으로써 채무로부터 자유로워지는 것이 목적입니다.

23. 난민 신청

우리나라는 아시아 국가 중에서 최초로 난민법을 제정하였습니다. 그럼에도 2019년 현재 한 해 동안 15,452건의 난민 신청이 있었지만, 난민 인정자는 고작 42명이었지요. 세계적으로 난민을 인정하는 비율은 38%입니다. 이에 비하여 우리나라는 2%에 불과합니다. 물론 난민 중의 범죄혐의가 있는 사람들의 비율을 고려하더라도 난민 인정 비율이 여전히 낮다고 할 수 있지요. 2007년 8월에는 미얀마 군사정권에 반대하는 반(反)체제 인사를 난민으로 인정한 실례가 있습니다. 2018년도에는 500명이 넘는 예멘인들이 제주도로 입국하여 난민 신청을 한 적도 있습니다.

24. 그들과 우리

우리 사회가 다문화 사회로 진입한 지 수십 년이 되었습니다. 대한 국민이 된 이들 역시 우리 사회 일원으로 어우러져 함께 살아간다는 인식이 반영되어야 합니다. 이들을 우리 사회에서 '그들'이 아닌, 삶의 틀을 함께 엮어가는 '우리'라는 자세가 필요합니다. 그들이 겪고 있는 실제적 어려움이 무엇인지, 그 원인은 무엇인지, 이를 해결하려는 법과 정책은 무엇인지에 대하여 그들도 우리 사회의 공동체의 일원이라는 입장에서 적극적으로 논의에 참여할 수 있는 적극적인 노력이 더욱 필요합니다.

25. 헌법재판소와 헌법수호

헌법재판소법은 1988년 9월 1일 시행되었습니다. 이 법은 헌법재판소의 조직·운영과 심판 절차에 관한 사항을 규정함을 목적으로 합니다. 따라서 헌법재판소는 법률 위헌 여부 심판, 탄핵 심판, 정당 해산심판, 헌법소원 심판 등 주로 헌법수호를 위한 심판이 주된 일입니다. 이 법이 시행된 이후 2022년 2월 3일 현재까지 총 20차례의 개정이 있었습니다.

26. 탄핵

탄핵이란 죄나 잘못을 따져 묻는 것입니다. 영어로는 탄핵을

'impeachment'라고 하며, 구속하다, 묶다, 방해하다 라는 뜻을 가집니다. 법률적으로 탄핵은 일반적인 절차에 따른 파면이 곤란하거나 검찰 기관에 의한 소추가 사실상 어려운 대통령이나 법관 등의 고위공무원을 국회에서 소추하여 파면하거나 처벌하는 제도입니다. 대한민국 임시정부를 포함한다면 총 23차례의 탄핵이 있었지요. 대통령에 대한 탄핵 3차례, 대법원장과 대법관에 대한 탄핵 2차례, 각 부 장관 7차례, 검찰총장 및 검사 11차례가 그것입니다.

27. 대통령 탄핵이 3번?

대통령의 탄핵 사례는 임시정부를 포함한다면 3차례가 맞습니다. 먼저 1925년 3월 23일, 대한민국 임시정부의 이승만 대통령이 의정원의 탄핵 의결로 대통령직에서 면직된 기록이 있습니다. 다음 2004년 3월 12일, 제16대 대한민국 대통령 노무현에 대한 대통령 탄핵 소추가 있었지요. 탄핵 사유는 공직선거 및 선거 부정 방지법이 정한 중립의무 및 헌법 위반입니다. 당시 탄핵소추안은 국회에서 가결되었지만, 이후 2004년 5월 14일 헌법재판소 기각 결정으로 대통령직에 복귀하였지요. 2016년 12월 9일에서 2017년 3월 10일 사이에는 박근혜-최순실 게이트 등의 헌법과 법률 위반 혐의를 사유로 박근혜 대통령 탄핵소추안이 국회에서 가결되었습니다. '2016 헌나 1 대통령(박근혜) 탄핵' 사건이며, 주문은 "대통령 박근혜를 파면한다."라는 것이었습니다.

나에게 맞는 변호사 찾기

> 법적 다툼이 생기면 다음과 같은 농담 반, 진담 반의 이야기가 종종 들
> 립니다. 좋은 판사를 만나려면, 기도하라! 좋은 변호사를 만나려면, 찾
> 아보아라! 여기서는 독자들이 궁금해하고 자주 하시는 질문을 간략히
> 정리해 보았습니다.

◐ 나에게 맞는 변호사 찾기

독자는 변호사가 자기 말을 믿어주고 당사자 본인이 이길 것이라고 말해
주어야 사건을 맡기는 경향이 많습니다. 그런데 모든 당사자가 법적 소
송에서 모두 이길 수는 없습니다. 법적 사건은 동태적이기도 하고, 판사
들의 법적 사고를 파악할 수 있는 능력이 변호사에게 필요하기 때문입니
다. 또한 법은 모든 구제책을 가진 만병통치약도 아닙니다. 법정 진실은
증거로만 나타나기 때문입니다.

◑ 변호사 윤리와 성공한 변호사

변호사 윤리 강령이 있습니다. 그런데 곧이곧대로 설명하면 독자들은 실상 사건을 잘 맡기지 않습니다. 사건을 맡지 못하면 성공한 변호사라 하지 않습니다. 그렇다면 어떤 변호사를 찾아야 하는가? 가 독자 입장에서는 가장 중요합니다. 독자 입장에서는 사건별로 전문화된 적합한 변호사가 많습니다. 2020년 현재 변호사는 3만 명 정도입니다. 따라서 변호사를 만나는 것은 어렵지 않습니다.

변호사인 제가 판단컨대 성실성과 책임감이 제일 우선이라 생각합니다. 또한 아무리 평판이 좋고 인지도가 높을지라도 전문성도 겸비하여야 합니다. 독자의 취할 이익과 변호사 자신이 취할 이익의 무게를 양심, 성실, 책임으로 저울질하여 독자의 이익을 앞세우는 변호사가 독자가 찾아야 할 변호사입니다. 변호사도 두 가지 유형이 있습니다. 독자가 부탁하는 모든 사건을 맡겠다는 변호사와 사건별로 골라서 맡는 변호사가 있습니다. 어떤 유형을 선호할지는 독자의 성향에 달려있습니다.

◑ 소송 의뢰와 보수 지급

독자가 제일 먼저 해야 할 일은 해당 사건이 법률문제인지, 소송을 할 일인지를 알아보아야 합니다. 변호사와 만나기 전에 먼저 관련 서류를 보내주시면 사안을 파악하기도 쉽고, 시간도 줄어듭니다. 사건을 위임할 경우 변호사에게 지급하는 보수는 사건의 내용이나 법률사무소에 따라 다양합니다. 사건이나 사무를 맡길 경우 서면 계약서를 반드시 받으시기를 바랍니다. 변호사 보수는 인지대, 감정료 등과는 별개이며, 출장비나 이동 경비는 별도 지급해야 합니다. 보수의 송금은 법인 계좌인지를 꼭 확인하시기를 바랍니다. 자칫 교제비가 되면 반환이 어렵습니다.

◑ 소송 의뢰부터 종결까지

독자가 사건을 맡긴 후에는 서로 적당한 긴장감이 필요합니다. 이 말은 소송 의뢰 처음에는 사안 설명과 자료 전달을 위해 자주 접촉이 필요합니다. 법원이나 검찰에 최초 서류를 제출하기 전 연락을 하고, 그 후 재판이나 조사 기일이 지난 후에는 연락과 소통이 필요합니다.

독자와 변호사 간의 가장 민감한 시기가 있습니다. 법원의 재판 결과나 검찰의 처분 결과가 나왔을 때입니다. 소송에서 이겼다면 보수를 지급해야 하고, 사건 결과가 만족스럽지 않을지라도 시일에 맞추어 불복 절차를 진행하는 것이 좋습니다. 불복절차의 시작은 처음 사건을 맡은 변호사의 의무입니다. 변호사는 기록을 내 줄 의무가 있으므로 위임관계가 종료되면 사건 기록을 요구할 수 있습니다.

◑ 법률문제나 소송에 대한 문의 방법

법률문제나 소송 관련된 문의 사항은 ①법률사무소에 직접 전화하셔서 문의하시거나, ②각 지방 변호사회 홈페이지에 들어가 탐색하시면 됩니다. 예로 서울의 경우에는 서울지방변호사회 홈페이지를 찾으면 됩니다. ③또한 대한변호사협회에서 운영하는 '나의 변호사'에서 나에게 맞는 변호사를 찾을 수 있습니다.

KI신서 11255

정원기 변호사의
특별법 이야기

1판 1쇄 인쇄 2023년 11월 3일
1판 1쇄 발행 2023년 11월 15일

지은이 정원기
펴낸이 김영곤
펴낸곳 (주)북이십일 21세기북스

TF팀 이사 신승철
TF팀 이종배
마케팅1팀 남정한 한경화 김신우 강효원
출판영업팀 최명열 김다운 김도연
제작팀 이영민 권경민
디자인 다함미디어 | 함성주 유예지
기획·진행 곽태준

출판등록 2000년 5월 6일 제406-2003-061호
주소 (10881) 경기도 파주시 회동길 201(문발동)
대표전화 031-955-2100 **팩스** 031-955-2151 **이메일** book21@book21.co.kr

© 정원기, 2023

ISBN 979-11-711-7210-8 03360

(주)북이십일 경계를 허무는 콘텐츠 리더

21세기북스 채널에서 도서 정보와 다양한 영상자료, 이벤트를 만나세요!
페이스북 facebook.com/jiinpill21 포스트 post.naver.com/21c_editors
인스타그램 instagram.com/jiinpill21 홈페이지 www.book21.com
유튜브 youtube.com/book21pub